王健林的谜

万达的那套办法

章 岩 ◎ 著

WANDA

▶王健林:"清华北大不如胆子大,哈佛耶鲁不如自己敢闯!"◀

GROUP

中国财富出版社

图书在版编目(CIP)数据

王健林的谜：万达的那套办法 / 章岩著.—北京：中国财富出版社，2016.1
ISBN 978-7-5047-5855-2

Ⅰ.①王… Ⅱ.①章… Ⅲ.①房地产业—企业集团—企业管理—经验—大连市 Ⅳ.①F299.273.13

中国版本图书馆CIP数据核字(2015)第202307号

策划编辑	张彩霞	责任编辑	王 琳 刘瑞彩		
责任印制	方朋远	责任校对	杨小静	责任发行	邢小波

出版发行	中国财富出版社		
社　址	北京市丰台区南四环西路188号5区20楼　邮政编码　100070		
电　话	010-52227568（发行部）	010-52227588转307（总编室）	
	010-68589540（读者服务部）	010-52227588转305（质检部）	
网　址	http://www.cfpress.com.cn		
经　销	新华书店		
印　刷	北京柯蓝博泰印务有限公司		
书　号	ISBN 978-7-5047-5855-2/F·2455		
开　本	640mm×960mm　1/16	版　次	2016年1月第1版
印　张	16.5	印　次	2016年1月第1次印刷
字　数	214千字	定　价	39.80元

版权所有·侵权必究·印装差错·负责调换

PREFACE 前言

1

福布斯中国首富、AMC（American Multi-Cinema，美国连锁影院，世界排名第二的院线集团，2012年被万达收购）上市、借壳恒力、投资英国、并购旅行社、落子电商、万达城星罗棋布、无数的重量级奖项桂冠……还有比王健林收获更丰富的企业家吗？

在万达集团官方网站的"王健林专区"里，董事长王健林被称为2013年"收获最多的中国人"，无论是登上美国《财富》杂志封面，担当"中国创业榜样"导师，还是晋升中国首富，王健林都堪称"名利双收"。

王健林的投资城池在不断扩大。

在国内，万达广场继续攻城略地，收益喜人；东方影都和众多万达城的建设，并购四家旅行社，使万达的产品线延伸和资源整合进一步落地；收购恒力，万达商业地产上市，同时，万达院线也率先撞线，成为中国院线第一股。

海外的投资更加引人瞩目。AMC成功在美国资本市场上市，王健林这笔"变废为宝"的好买卖有目共睹；收购英国顶级游艇品牌圣汐近92%的股权，投资7亿英镑在英国泰晤士河畔建豪华酒店，达沃斯论坛期间与英国首相卡梅伦共同宣布将投资20亿～30亿英镑建设文旅商业综合项目。

万达集团这辆全速冲刺的战车没有丝毫减缓速度的迹象。

2

作为中国当前最顶级的地产商人，王健林比以往任何时候都活跃。

他懂得顺势而为，也善于打破规则，一次次颠覆自我，让万达的摊子越铺越大。

王健林16岁入伍，16年后从部队转业，在大连市西岗区人民政府做了3年办公室主任，16年的部队经验促成了后来万达的军事化管理风格。

1989年王健林接下旧城改造工程，1994年入主大连足球俱乐部做品牌，2000年主导万达从住宅地产转向商业地产，现在又将商业地产转向文化旅游，王健林的每一个选择都极其果断，又极其冒险，每一步都"富贵险中求"。

2013年万达集团的资产达到3800亿，收入达1866.4亿，其中，地产收入1262.5亿，第一次跻身房地产行业销售前三甲。

王健林曾透露，希望到2020年万达三分之一的收入来自海外，即大约300亿美元，而要想实现这一目标，万达势必还要进行"并购为主、投资为辅"的海外收购。"比如说，如果我再并购欧洲一个大的电影院线，单讲并购的回报率，可能不一定好，但是放在全球的这个范围来看，我要并购欧盟，欧洲再来一家，可能我的市场份额就接近20%了，那时候我的话语权、分成比例、广告收益，可能将大幅度提高。"王健林解释说。

王健林还发力于被寄望甚高的中国消费升级，向中国媒体、娱乐业和旅游业投入数十亿美元。去年，万达在中朝边界附近开设了一个滑雪度假村。在未来数年，公司还要建设三座度假村，设施包括高级的水边宾馆和迪士尼风格的主题公园,还有拉斯维加斯式的表演;万达对影视的兴趣越来越浓,其表现是要在大连建设全球最大的影视基地。王健林说,目的是将万达打造成百年企业,建设成"世界超一流级别的公司"。

对王健林来说,中国梦的精髓就是:像万达这样的中国企业去创造财富,传播影响,为中国在世界舞台上取得主导地位铺平道路。"如果说是一流企业,万达现在已经是了。但我希望万达能成为一个世界性品牌,未来能够有20%~30%的收入来自国际。"这正是王健林最朴实的中国梦。

3

王健林是一个出色的导师。可以说,王健林是当代创业者的导师,当代青年人追逐的偶像人物,其中的缘由不仅仅是由于王健林成功地创造了一个经典的东方企业神速崛起的神话,更重要的是王健林能够毫无保留地将自己的创业经验与大家进行分享,一句句独特、简练、风趣、朴实,恰如其人的经典语句早已成为众多创业者的指南。王健林思维敏捷,能说会道,曾在多个场合与众人探讨创业的经验与心得,并在不同的演讲中诠释自己的商业理念、经营智慧,其中涉及商业模式、企业前程、管理理念、形势分析,等等。

万达的成功,源于对商业模式的不断探索与创新,源于王健林超强的战略创新能力、企业经营能力以及团队的执行能力。今天的万达有着自己的大学、研究院等智力支撑,也有着大数据管理、信息管理、资金管理等先进完善的技术支持。

毫无疑问,万达也由此成为中国房地产优秀企业的成长范本,无数从商人士从此汲取决策智慧,获得管理经验。

本书全面、深刻地分析了万达商业地产的产品开发、赢利模式、产品设计、项目招商等细节，概括万达出色的商业管控能力是如何炼成的以及它在创新、文化、竞合、领导、责任等方面的商业理念，同时也为读者呈现王健林在非常时刻的决策智慧及独特个人魅力。

CONTENTS 目录

第一章 不冒险是最大的风险 ········· 1
1. 审时度势,抓住时代脉搏 ········· 1
2. 全面客观地评估创业风险 ········· 4
3. 抓住机遇,步步为营 ········· 8
4. "快人半拍"成就地产帝国 ········· 10
5. 清华北大,不如胆子大 ········· 13
6. 当机立断,该出手时就出手 ········· 17
7. 99次的失败换来1次成功 ········· 20
8. 聪明不是第一位,更重要的是激情 ········· 24

第二章 相信自己才能超越自己 ········· 28
1. 意志力决定成败 ········· 28
2. 忠于愿景,挑战自我 ········· 31
3. 做少数人支持,多数人反对的事 ········· 34
4. 目标是坚持的原动力 ········· 37
5. 成功源自"不安分"的心 ········· 38
6. 在最合适的时机实现高增长 ········· 43
7. 从危机中寻找转机 ········· 47
8. 轻眼前利益,重长远利益 ········· 51

第三章　人生最难的是"坚持" ………………………… 55
1. 勤奋,笨鸟先飞早入林 ……………………………… 55
2. 坚持学习新知识,掌握核心竞争力 ………………… 58
3. 责任是坚持的出发点 ………………………………… 62
4. 不要满足于一时的成就 ……………………………… 64
5. 目标要远大,放眼全世界 …………………………… 67
6. 从宏观思考问题,不做井底之蛙 …………………… 72
7. 在最困难的时候,永不放弃 ………………………… 75

第四章　笃实至诚,有责任心的企业才能走得更远 … 78
1. 良好的信誉使困境变为坦途 ………………………… 78
2. 商人有所为有所不为 ………………………………… 82
3. 老实做人,精明做事 ………………………………… 86
4. 敢于负责,严格要求自己 …………………………… 89
5. 财富的本质是用来帮助别人 ………………………… 91
6. 吃亏是福,大方赚钱 ………………………………… 94
7. 不只为赚钱才能把企业做大 ………………………… 96
8. 把社会责任看成是必须承担的义务 ………………… 99

第五章　创新商业模式,成就核心竞争力 …………… 103
1. 无中想有,敢想别人所未想 ………………………… 103
2. 从细节入手,取得有效创新 ………………………… 106
3. 创新的成功在于"赢得市场" ……………………… 111
4. 敢于去做不赚钱的买卖 ……………………………… 114
5. 给创新设立简单明了的目标 ………………………… 116
6. 创新也可以是流程再造 ……………………………… 119

7. 把风险控制放到首位 …………………………… 121
8. 万达文化产业的独特之处 …………………… 124

第六章 情商是决定命运的重要因素 …………… 128
1. 认识情商 …………………………………… 128
2. 人贵自知,认识你自己 …………………… 132
3. 合作借势才是大智慧 ……………………… 136
4. 学会沟通和分享,好人缘带来好成就 …… 138
5. 时刻保持冷静的心 ………………………… 141
6. 站在巨人的肩膀上看得更远 ……………… 144
7. 帮助别人就是帮助自己 …………………… 149

第七章 商业管理是公司最核心的竞争力 ………… 152
1. 目标管理是企业的基础 …………………… 152
2. 细节管理是目标管理的延续 ……………… 155
3. 品牌管理:成为第一的"偏执狂" ………… 158
4. 团队管理:制度管人严格执行 …………… 161
5. 绩效管理:考核必须量化 ………………… 164
6. 流程管理:商业流程中国式创新 ………… 168
7. 人文管理:军营式的企业文化 …………… 170
8. 合作双赢:授人玫瑰手留余香 …………… 173

第八章 识别决策的心理效应,跳出执行的习惯误区 …… 178
1. 保持决策速度就要"找大公司病" ………… 178
2. 万达最大的风险就是决策危险 …………… 182
3. 执行力是企业管理成败的关键 …………… 186

  4. 营造有效的执行力文化 ………………………… 191
  5. 提高管理者的执行能力 ………………………… 199
  6. 科技保障执行 …………………………………… 202
  7. 具备政治家的视野和哲学家的头脑 …………… 204
  8. 大投入大产出,大目标大智慧 ………………… 207

第九章 企业经营的最高层次是经营文化 ……………… 209
  1. 万达的特色培训细节 …………………………… 209
  2. 万达之道:独具特色的培训实招 ……………… 213
  3. 人就是钱,人就是事业,人是决定性的 ……… 215
  4. 在万达,发光就能被看到 ……………………… 218
  5. 搞"能用的制度",不给员工犯错的机会 …… 221
  6. 用企业文化增强员工凝聚力 …………………… 224
  7. 严格执行奖惩 …………………………………… 227
  8. 变化发展的企业文化 …………………………… 231

第十章 慈善和公益是永恒的不动产 …………………… 234
  1. 做慈善要有创新 ………………………………… 234
  2. 从"闹妖"到首善,中国慈善事业的先行者 … 238
  3. 想做"最大慈善家" …………………………… 240
  4. 共创财富,公益社会 …………………………… 243
  5. 成立个人基金会 ………………………………… 245
  6. 以"仁"辅"人"的生意经 …………………… 247

第一章

不冒险是最大的风险

1. 审时度势,抓住时代脉搏

很多人说王健林真是太幸运了,赶上了房地产大火爆这个千载难逢的好时机,几乎一夜间就暴发了起来……真是羡煞众人。其实不然,王健林的成功固然与赶上好时机有关联,但在这种千载难逢的好机会面前,每个人都是公平的。为什么只有寥寥的几个人成功抓住了机会,一跃龙门呢?

国家的政策、发展的形势明明白白地摆在那里,能不能把握时代的大趋势,进而创造出真正的大机会,关键在于个人的商业素质。

21世纪的前十年,正值国家大力倡导加速城市化脚步,各种相关政策相继出台,政府也投入了大量的人力、财力,用于加快城市的经济发展。与此同时,城乡之间的差距开始逐渐拉开。俗话说:"人往

王健林的谜 万达的那套办法

高处走,水往低处流。"随着城市建设的火爆进行,各类发展机会也应运而生,大批新一代青壮年挤向一线城市,故而出现了城市人口瞬间由原来的一亿多发展为六亿多的奇特现象。

2002年,王健林选择尝试商业地产开发。当时他的这一"奇思妙想"并不被人看好,很多朋友都劝他说:"住宅地产搞得顺风顺水的,何必冒这个风险呢?"

可王健林不这样想,他认为:如果所有人都认为这件事可以干,那么这件事情一定不能干。无论是前瞻性还是判断力,只有少数人判断对一个事情,敢于去做,这个事情才有可能成功。

事实证明,王健林的决策是正确的。与住宅地产相比,商业地产在中国是一种全新的事业,风险与机会并存。投资商业地产所潜藏的风险不言而喻,但是其中所蕴含的机会也是千载难逢的。

此时,王健林机缘巧合地抓住了国家城市运营的这一大趋势,跻身于房地产开发的浪潮中,并顺势而上,将房地产开发进行得有声有色。

经过了十多年的发展,王健林成为房地产界的知名人士,万达也名声在外。

此时,国内城市运营的趋势发生了改变。基于住宅地产泡沫的不断膨大,民众压力过大,国家开始发挥宏观调控的职能,强制干涉住宅价格的疯狂上涨,抑制房地产业泡沫的继续膨大。与此同时,一线城市也出现了寸金寸土的局面,土地资源严重不足。

面对这些现象,王健林再一次选择适应城市运营的大趋势,推动万达主动转型。由此,商业地产开发开始登上舞台,万达揭开了跨越式发展的崭新一幕。

常言道:"不入虎穴焉得虎子。"想要抓住机会,却不想冒风险,那是不可能的。大凡成功人士，无不独具慧眼，他们能在机会中看到风险，更能在风险中把握机会。万达之所以迅速崛起，原因在于王健林准确地把握了时机，抓住了中国城市运营的大趋势，成功自然就水到渠成了。

"变化"对企业来说是个时常出现的高频词语。在商业竞争时代，稍有不慎便全盘皆输的戏码频繁上演。作为企业，只有审时度势，抓住时代脉搏，才能拥有变革的本事和创新的勇气，也才能在压力面前不断寻求突破，在挑战中不断自我完善。

王健林曾多次表示，万达的发展关键是走好四步棋，其中第二步就是转型商业地产。在2000年之前，万达主攻的是住宅地产，而且生意做得很顺，但到了2000年，王健林决定要转型做商业地产，究竟是什么原因呢？

当时在万达发生了这样一件事，给了王健林很大的启发：有两个和王健林一起创业的老员工，在同一年先后被查出患了癌症和肝病，在那时中国是没有社会保障的，没有医保和各种保险，因此当时大部分的公司对待患病的员工都只有一个解决办法：有钱就帮他治，没钱就只好算了。但是王健林决定，不论花多少钱也要救治这两位员工，最后公司花了300多万元挽救了那两名员工的生命。

这件事情对王健林的触动很大，他不禁想到：公司再发展20年、30年之后怎么办？退休的人越来越多，需要保障的人越来越多怎么办？住宅房地产虽然发展前景很好，但有一个不容小觑的特点就是现金流不稳定，有项目销售的时候，公司就有现金流；一旦项目卖完，需要重新买土地，做新项目的投入时，公司的现金流就会下来。而且中国房地产行业经常遇到国家宏观调控，现金流的波动会更大。因此，王健林认为，如果一直做住宅开发，可能很难长久存在下去。出于这样简单的生存考虑,为了寻求稳定的现金流,万达开始重新探索。万达做过制造业,其中包括很有名的奥的斯电梯以及变压器,还办过超市、制药厂,做过外贸等。2000年的时候,万达决定把商业地产作为企业的支柱产业来发展。

在正式决定之前,企业内部有过长达两三年的讨论,万达决策层普遍认为,土地资源是不可再生资源,越开发越少。做纯粹的住宅地产的企业将会遭遇很大的困境,行业会慢慢萎缩。在欧洲和美国500强企业排行里没有住宅地产公司,因为住宅开发会有临界点。

因此,在偶然事件和行业必然性的双重刺激下,万达开始钟情于商业地产。如今,万达的商业模式越发成熟,最终实现了从被动到主动、从不自觉到自觉的转变。

海尔集团首席执行官张瑞敏在接受采访时表示,做企业就是要永远抓住时代的脉搏。"如果没有改革开放根本不可能有海尔,同样也不可能有张瑞敏今天所谓的成功。今天踏上了时代的节拍,今天就能够做好,但至于明天能不能做好,这个很难说。"

所以,做企业要永远关注时代的变化,要永远抓住时代的脉搏。说到底,就是审时度势,伺机而动。

2. 全面客观地评估创业风险

如今,全民创业成了最流行的口号。

但创业毕竟是一种冒险者的游戏,充满风险和挑战。

2000年，万达开始转型做商业地产。作为不动产行业里的菜鸟，万达团队几乎不懂规划设计，又缺乏实战经验，以至于在2000—2003年，万达当了222回被告，打了222场官司，甚至还被中央电视台《新闻联播》点名批评。因为几乎天天都在打官司，企业发展举步维艰。

在巨大的社会舆论压力下，很多万达的员工都哭了，后悔之余也想过放弃。在这种情况下，从一起"打天下"的总裁丁本溪到基层的员工都在劝王健林，在他们看来，万达之前做住宅地产做得顺风顺水的，为什么一定要搞商业地产呢？

面对众多的不解和质疑，王健林坦言，他确实犹豫过很多次。但直到最后他还是说不行，因为做住宅房地产不是一个长久行业，从全世界来看做住宅地产都没有超过半个世纪红火的，可能三四十年后这个行业就衰败下去了，而万达的目标是做百年企业，也为了和他一起创业的弟兄们，王健林还是选择相信自己的判断力，相信团队的能力，他决定给自己，也给团队定一个目标，坚持做到2005年年底，做满5年，如果还是像门外汉一样难以入行再撤。

凭着这种向困难宣战、绝不低头的韧劲，到2004年万达做宁波的一个项目时，一下找到了灵感，既能卖商铺，又能卖住宅，并且有了现金流，甚至把物业也建起来了，漫长的打官司道路也终于走到了尽头。

有了这次的成功经验后，万达从之前的摸着石头过河渐渐熟能生巧，并最终实现了得心应手。很快，万达推出了现在普遍称之为"第三代万达广场"的设计：上海的五角场、宁波的鄞州、北京的CBD。这3个广场的成功开业以及开业后的成功经营，彻底奠定了王健林和万达人的信心。

王健林认为：创业是一个人带领自己的团队，为了一个共同的目标进行的探险之旅，因为未来是未知的、不可控的。所以在出发以前，一定要客观而全面地评估一下可能遇到的各种风险。

大致而言，创业者所面临的风险主要有以下几种。

机会成本风险

所谓机会成本风险是指创业者选择创业的同时放弃了自己原先所从事的职业。一个人只能做一件事，选择创业就丧失了其他的选择。

举一个简单的例子，甲和乙是大学同学，两人同时进了一家公司从小职员做起，甲权衡再三，选择了创业，辞去了在公司的职务，乙认为自己不适合创业，于是老老实实地做一个本分的小职员。对甲而言，原先有一个职业可以将就温饱，现在辞去工作，不但失去稳定的收入，而且连医疗保险、养老保险、住房福利等都没有了。假如甲将来创业成功，有着发展前景良好的企业，和乙相比，甲真正有了自己的事业，乙尽管工作勤劳，即使做上公司总经理，也不过是一辈子为他人打工。但如果甲创业失败了，几年以后不得不到另一家公司去做小职员，那么相对乙而言，甲不仅失去了几年的福利，而且也失去了几年的工作资历，另外，年龄的原因也会使甲丧失一些机会。

这种机会成本风险是每个创业者都应认真考虑的问题。如果你认为目前创业的时机成熟，正好有一个很好的商业机会，那么就狠下决心，立即着手创业。如果你觉得没有什么太好的商业机会，而且自己对公司经营运作管理所知甚少，就可以暂时不辞去工作，而是边工作边认真观察，看看所在公司的各层领导是如何工作的，甚至留心学习所在公司开拓市场的技巧以及公司老总管理公司的技巧。

平时设身处地将自己当作公司老总,对不同的情况作出决定,然后和公司老总的决定比较,让事实去检验自己的决定正确与否。而且,你还可以边为其他公司打工,边留心建立良好的商业关系网,等待时机成熟时,再开始创业。

健康风险

创业是一件繁重、复杂的事,创业者有可能对此估计不足。由于创业者自己当老板,需要统筹一切,方方面面都要照顾到,因而总是非常忙,创业者刚开始都很年轻,有一股冲劲在支撑身体,但时间长了,就会引起很多健康上的问题。如胃溃疡、神经衰弱、偏头痛等都是常见的创业通病,严重者甚至导致精神失常。创业者对健康风险要有充分的估计。

在精神方面,创业者除了要处理公司内部的人际关系之外,还要担忧公司是否赢利、担心市场是否接受自己的产品、顾客是否满意、如何与竞争对手竞争,等等。如果公司运营得不理想,市场不景气,甚至赔了钱,创业者更要忍受来自各个方面的诉苦、抱怨,甚至挖苦、冷嘲热讽。创业者会感觉到巨大压力,尤其是当市场不景气时,创业者怎么努力也无济于事反而使情况更糟,于是心情更加恶劣,有时甚至可能陷入精神抑郁之中。

家庭风险

家庭风险是每个创业者都必须慎重对待的,若考虑不周,造成后院起火,创业失败的概率会很大。如果你愿意承担创业机会成本风险,辞去了工作,那么则要认真化解因此而引起的家庭风险。首先是原先固定的收入没有了,如何才能维持家庭的日常开支,是创业者必须考虑的;其次是创业者需要投入一笔本金,投入多少本金,是需要和家庭商量的;再次是创业者开始创业后,要不可避免地把更多的时间和精力投入到企业中去,对家人势必照顾不周,不仅会引起家人的不满,甚至会导致家庭矛盾,处理不好,会造成家庭危机;最后是在财产的分配上,也容易造成家庭危机,如果创业成功,家庭财富增多,如何在家庭成员之间合理分配使用,也是创业者应该认真考虑的问题。另外,还有子女的教育问题,创业者如何兼顾事业的同时关心他们,疼爱他们,使他们走上成功的人生道路,也是不可忽略的问题。

3. 抓住机遇,步步为营

创业虽然充满了冒险,但绝不是盲人摸象。应该说,每一件小事都蕴藏了无数的机会,只要你用心去观察,并且行动起来。在你看来也许仅是微不足道的小事,于有心人而言就是难得的机遇。

沈阳太原街商业步行街是中国东北最有影响力的时尚潮汇地,是中国最著名的商业街之一,影响力辐射整个东北亚。在1992—2002年的10年里,这里发生的一切都与财富、智慧、勇气和商机有关。1992年的冬天,距离新的一年还有30天。《沈阳日报》上出现了一则不是特别显眼的公告:沈阳市土地房屋开发集团正式面世了。但是,就在这家集团向社会各界表达谢意的广告中,人们看到了一个空前庞大的"豪华"同贺阵容,包括泰国正大、美国协和、中国香港嘉里、新加坡温氏兄弟、美国善美等公司,这也就是后来被人们封为浩浩荡荡进军太原街的"八国联军",而沈阳市土地房屋开发集团的成立,也标志着沈阳市第一次吹响改造太原街的号角。

"八国联军"浩浩荡荡地开进太原街,雷声滚滚而来,人们只盼望一场透雨过后能洗出一个焕然一新的太原街。但很快,"八国联军"改嫁的改嫁,撂挑子的撂挑子,除了无奈下临时建起的嘉阳广场之外,还剩下12栋占尽地利的大厦毫无生机地立在那里,让人唏嘘不已。

10年后,王健林携万达集团来到了被冷落已久的太原街。此时的他早已抛开了绿茵场的雄心壮志,转而投入另一个更宏伟的计划中:在全国构建万达商业广场连锁网络。

走在太原街上,王健林感受着穿梭的人流,并无心浏览风景,他的大脑在飞速地运转着,历史、现实、文化以及眼前不断的人流,他的头脑中闪现出了火花:就是这里,太原街嘉阳广场,万达不能错过的商机。既然发现了潜在的商机,王健林当机立断,找到了沈阳市和平区的李区长。

在区长办公室里,王健林表示了对太原街嘉阳广场的投资兴趣。李区长高兴地说:"好呀,那可是经商的黄金宝地呀。""不,不是黄金宝地,"王健林笑着摇头,"黄金有价,那是无价的钻石之地,稀罕而且不可多得!多大的投资我都在所不惜!"

2002年,万达集团进入沈阳开发太原街万达广场,让南北太原街成为一统,大太原街商业格局瞬间形成。

对于企业管理者来说,拥有敏锐的眼光和洞察力,商机便随处可见,若你后知后觉,商机便转瞬即逝。

那么,该怎么做呢?

第一,要充分掌握发现商机的方法。在堆积如山的信息中,我们要充分发挥眼、耳、口、手的作用,眼观六路,耳听八方,具体来说可以采取以下几种收集的方法:一是口头交流法,利用参加国内外各种会议、考察、人际交往等机会收集经济信息;二是随机积累法,利用上网、看电视、旅游访友、闲谈等各种机会收集信息;三是动态收集法,对事物的发展变化进行跟踪调查研究,尤其是要研究那些变化大的事物。

第二,面对商机要以快制快,绝不可拖拖拉拉。机不可失,时不再来,抓住机遇,一步一营,就能步步为营;一旦丧失机遇,一步跟不上,也就步步不赶趟。所以,一旦机遇出现,不要迟疑,不要观望,不要等待,而要当机立断,立即行动,这样才能赢得市场竞争的主动权。

第三,要有敢于抢抓机遇的冒险精神。机会对每个人都是均等的,只有懂得珍惜它的人才能知道它的价值,只有持之以恒追求它的人才能受到它的青睐。而那些畏首畏尾、怕担风险的人,注定和机遇无缘。

4. "快人半拍"成就地产帝国

生意场上速度决定一切。观察一下你的周围,你就会发现,那些能干的人身上都有一个共同点,那就是动作迅速。

翻开万达的创业史很容易发现,这是一个总能"快人半拍"的企业:在大连率先从事旧城改造,在东北率先进行股份制改造,在全国率先参与足球产业也率先退出足球产业,在地产界率先开创了"订单商业地产"模式,率先尝试"房地产信托基金"……"总是快半拍"

让这个曾濒临破产的区办小企业终于成长为今天资产超百亿的地产巨头。

2007—2010年，是中国房地产行业的春天。这段时间里中国房地产行业经历了前所未有的高速发展期，与此同时，万达就像一匹脱缰的野马，在国内的各个城市快速出击，以其惊人的速度开疆辟土，跑马圈地，实现了企业的高增长——年开业项目多达20多个。这就是传说中的"万达速度"。

"万达速度"不仅仅是万达的一个专有词汇，更是业内及社会对万达的一种高度认可，也是万达公司对自身工作效率的一种最直接的证明。放眼整个华夏，没有任何一家企业敢在一年前就提前宣布次年项目的开业时间，只有万达敢这样做。对此，许多人感觉不可思议，认为万达创造了一个行业内的神话。但是，王健林却不这么想。他认为，万达目前的增长速度是极其平常的。这究竟是王健林的逢场作戏，还是他的确拥有这份自信呢？

事实胜于雄辩，2006年万达广场仅有13家，到了2012年全国各地的万达广场数量已经发展到了70多家。可见，王健林的自信并非是一时的妄自尊大，而是源于万达实实在在的强大实力。

"速度感"是习惯所致，非一朝一夕所能成就。

很多人都知道，在我国广袤的沙漠上，生活着一种普通的植物——梭梭。它们被誉为"沙漠梅花"和"沙漠卫士"，是我国荒漠区最重要的植被类型，也是亚洲荒漠区分布面积最大的一类植被。

众所周知，沙漠地区环境十分恶劣，要想立足其中，困难自然不小。但是，梭梭树做到了。作为灌木植物，它们虽然一般只有三四米高，外形也不出众，可是梭梭树丛顽强挺立，迎风顶沙，给沙漠带来了生机和活力，成为沙漠独特的景观，也成了戈壁沙漠最优良的防风固沙植被之一。

当然，被称为"沙漠植被之王"的梭梭，成功并非来自侥幸。它们成功的秘诀就在于速度，无与伦比的速度。专家经过研究发现，梭梭的种子是世界上发芽时间最短的种子，只要遇上雨水，短短的两三个小时之内它就能萌发新的生命。

相比之下，即使是发芽时间比较快的稻谷、花生等农作物，发芽时间也需要三四天，要是椰树的种子，发芽则要两年多。而梭梭的种子，面对干旱异常的天气，面对恶劣的自然环境，它们从来不观望，不犹豫，不拖泥带水，只要雨水一来，它们就在几小时内迅速生根发芽，快速地生长繁殖，蔓延成片。

这样快捷的速度，不能不让人吃惊。其实，细想一下，我们追求成功又何尝不应当如此呢？可以说，对于生活，对于人生，我们谁都有许多想法，但由于迟迟没有付诸行动，结果多少光阴过去，想法都只能停留在计划中。有朝一日忽然发现，我们因为缺乏当机立断的决心，已经错过了生活，那会让人多么悲伤。

在我们的一生中，没有人会为你等待，没有机遇会为你停留，成功也需要速度。古人云："激水之疾，至于漂石者，势也。"速度决定了石头能否在水上漂起来。同样，要想拥有成功，就需要赋予人生足够的速度。这是成功者的姿态，也是胜利者的姿态。

5. 清华北大，不如胆子大

王健林有一句名言：清华北大，不如胆子大。他在很多访谈节目和演讲中都提到过，读的书再多，水平再高，从创业角度来讲，不敢闯，不敢试，就永远都不可能成功。

回顾王健林的创业史，其实就是他敢想敢做、敢打敢拼的风格在商海中的成功演绎史。

王健林1954年出生于四川，父亲王全义是一位参加过长征的老红军。4岁那年，王健林随父母来到四川省西北部的少数民族聚居区大金县（今金川县）。有媒体在走访了王健林几位童年小伙伴之后得出结论——父亲的威望给年幼的王健林带来了同龄人的拥戴，很多小孩都希望通过王健林认识他爸爸，他也爱组织娃娃们一起玩耍。"他是个匪头子，是一群孩子的头。"王健林的童年玩伴陈志阶面对媒体的追问这样回忆。这句话后来被解读为王健林"不喜欢墨守成规"。

16岁那年，王健林初中毕业选择参军，成为一名边防战士。1978年，他被推荐到大连陆军学院学习。一位老师说："那会儿，基层军官要学的内容很多，包括海陆空各军种，以及炮兵、工兵、防化兵、装甲兵等各兵种的知识。"正是在课堂上，张昌军对王健林有了最初的印象：很认真，永远都拿个小本记笔记，也很主动，课堂上有不明白的地方随时会站起来提问。

在军校，王健林延续着童年的叛逆。在一次考试中，他明知标准答案，却偏偏反其道而行之，给出完全相反的说法。"他给出了自己

【王健林的谜　万达的那套办法】

作答的理由，甚至比标准答案上的分析还要充分，却只得到了及格。"王健林在陆军学院的一位战友向环球人物杂志记者回忆说，事后，判卷老师专门找到王健林，说这样评分自己其实很遗憾。

在陆军学院学习一年后，王健林从120人中脱颖而出，成为3名留校工作的优秀毕业生之一。1986年，王健林调任陆军学院管理处副处长。此前一年，邓小平提出大裁军，而军队外面，改革开放正逐步深入，王健林决定脱下军装去社会上闯荡。"那个时候，部队干部的待遇比地方上好。王健林如果留在部队，发展很有前途。所以，很多人对他的选择都不理解。"

万达发家于地产，但扬名于足球。进入足坛，万达抢了全国之先。1994年，大连市体委主任找到王健林，说国家想搞足球联赛，作为一名球迷，王健林答应了。中国第一家职业足球俱乐部——万达足球俱乐部因此成立。很快，足球联赛在国内风风火火热闹起来，万达成了最大赢家——六年夺下四个冠军，创下连续55场不败纪录，大连万达也开始闻名天下，品牌知名度位居全国第五。数年之后，王健林又创造了一项新的纪录：第一个退出足坛！在国内足坛因为黑幕、黑哨、假球、赌球等而"搞臭"的前夜，2000年，大连万达彻底远离了这个是非之地。

退出了足坛，王健林将万达的精力全部集中到了地产上，很快，一种新的商业地产模式在他手里出现了：先找沃尔玛等商家签租赁合同，然后再盖商场，以降低商业风险。王健林自己起了个名字，叫作"订单商业地产"。为了说服沃尔玛，他上门跑了几十趟，对方才同意"试一试"。

于是，王健林便将自己的完美构想让沃尔玛实实在在体验了一把：选定了地段优先告诉沃尔玛，然后根据沃尔玛的需要协商设计方案，以最快的速度如期交付使用。万达在一年之内让沃尔玛在全国6个城市试了6次,结果美国百胜、新加坡百胜等10多家全球连锁企业也加入了"合约","订单地产"模式正式形成。更重要的是,这种稳定的营收,让王健林得以开始另一步"先招":将订单商业项目打包,送到海外融资。

古人云:"路漫漫其修远兮,吾将上下而求索。"大胆的尝试相当于成功的一半,不敢尝试的人永远不可能成就一番大事业。许多人都想追求成功,虽然他们能力和条件都很不错,但是他们却都与成功擦肩而过,根本原因就是因为他们不愿意尝试,也不敢尝试。

1995年年初,马云在美国首次接触到互联网。对电脑一窍不通的马云,在朋友的帮助和介绍下开始认识互联网。当时网上没有任何关于中国的资料,出于好奇的马云请人做了一个自己翻译社的网页,没想到,3个小时就收到了4封邮件。敏感的马云立马就意识到:互联网必将改变世界!于是他便萌生了一个想法:要做一个网站,把国内的企业资料收集起来放到网上向全世界发布。

20世纪90年代中期,互联网对于中国人来说,还是一种非常陌生的东西,即便是在全球范围内,互联网也刚刚开始发展。在这样的情形下,远在尚未开通拨号上网业务的杭州,马云就已经梦想着要用互联网来开公司、下海、赢利。这个想法立即遭到了亲朋好友的强烈反对。

马云回忆说:"当时我请了24个朋友来我家商量。我整整讲了两个小时,他们听得稀里糊涂,我也讲得糊里糊涂。最后说到底怎么样?其中23个人说算了吧,只有一个人说你可以试试看,不行赶紧逃回来。我想了一个晚上,第二天早上决定还是干,哪怕24个人全反对我也要干。"

1995年4月,马云和妻子再加上一个朋友,凑了两万块钱,专门给企业做主页的"海博网络"公司就这样开张了,网站取名"中国黄页",成为中国最早的互联网公司之一。也正是这个公司,为他的人生积聚了第一桶金。

创业不仅仅需要智慧,更需要迈出第一步的勇气。当机会来临时,你再有智慧,再有经验,再聪明,但你就是不敢迈出第一步,不去尝试,那么这次机会也会离你而去的。

莎士比亚曾说:"本来无望的事,大胆的尝试,往往能成功。"中国有句俗话说:撑死胆大的,饿死胆小的。虽是俗语却道破成功的天机:要想成功就要敢于尝试,那就是大胆地去做没有把握的事!

佛经上有这么一个故事:有两个和尚,一穷一富,都想去南海朝圣。富和尚很早就开始存钱。穷和尚带着一个钵盂就上路了。过了一年,穷和尚从南海朝圣回来,富和尚的准备工作还没完成。富和尚问:"你那么贫困,怎么能去南海?"穷和尚答:"我不去南海,就心里难受。我每走一步,觉得距离南海就近一分,心里就安宁一点。你这个人个性稳重,不做没有把握的事情,所以,我回来了,你却还没有出发……"

现任美国迪士尼公司台湾分公司企划经理王文华写过一篇文章叫《只做没把握的事》,里面介绍了他从小学到中学再到大学,一直都在做没把握的事,当班干部,写小说,改剧本,跳西洋舞蹈,参加辩论,申请到MBA,在华尔街做见习操盘手,还进了微软、戴尔和通用汽车,现在出版了十来本书,成了著名的畅销书作家。王文华说在自己做之前,这些事都是没有把握的,但也正是这些没把握成就了他,引爆了他的潜能,让他重新认识了自己。

在文章的末尾,他写道:"所谓十拿九稳的事情,往往是获得回报最少的事情。要做,就去做那些没把握的事儿——你觉得没把握,别人同样觉得没把握。但是你做了,就有成功的可能。"

凡事不去试一试,又怎么知道自己能不能做?

6. 当机立断,该出手时就出手

丘吉尔曾说:"没有人希望做个失败者,每个人都有责任去争取胜利。"其实企业也是如此,与世无争的企业必然面临着倒闭。商场如战场,每一分每一秒都可能导致战场上的战况陡变,商场也是如此,没有果断的领导者就意味着失去很多大好时机。当机会降临时,任何一个成功的企业都要做好一件事,那就是尽全力接住机会,千万不要犹豫,该出手时就出手,谦虚与含蓄对于一个生机勃勃的企业来讲是极为不合时宜的。

在这一点上,王健林表现出了超常的果断性格。当商业地产的好时机降临时,王健林采用了非常手段,坚决地要求万达以最快的速度占领市场,快速实现行业内的饱和。尽管如此神速的增长会给万达带来无比巨大的资金压力,但是王健林依旧顶风而上,勇敢地迎接一切可能降临的风雪。俗语说:"能扛才是硬肩膀。"王健林的肩膀不仅扛起了万达帝国的万丈基业,也同样扛起了中国民营企业的光明前景。

现实中,很多企业所拥有的资源都差不多,所面对的环境也大同小异,唯一不同的是企业面对关键的那几步时所做出的选择。俗话说:"狭路相逢勇者胜。"既然资源和条件都相同,那么就要学着更敏锐、更迅速地发现商机,甚至是没有商机时,创造商机也要上,自然有了商机就要最大化地利用这个机会,迅速壮大自己。

在这个世界上,想"走在前面"的人不少,但真正能够"走在前面"的人却不多。许多人之所以没能"走在前面",就是因为他们把"走在前面"仅当成一种理想,而没有采取具体行动。那些最终"走在前面"的人,之所以能够成功,是因为他们不但有这个理想,更重要的是他们采取了行动!

改革开放以后,经济迅猛发展,各项国际业务开始如雨后春笋般兴起,杭州更是一片繁华景象。产业的增多造成了人才的稀缺,像马云这样英语水平高的人就成了"香饽饽"。

除在校教学之外,常有一些企业邀请马云做翻译,有时候,马云一天能接到多个邀请。由于自己忙不过来,马云想到了他的同事和朋友。马云的邀请得到了很多老师的拥护,他们非常高兴工作之余做兼职来贴补家用。

考虑到当时杭州有很多的外贸公司,需要大量专职或兼职的外语翻译人才,却还没有一家专业的翻译机构,不甘平淡的马云决定"敢为天下先",要成立一家翻译社。

马云一有想法,马上行动。没钱,不是问题,他找了几个合作伙伴一起创业,风风火火地把杭州第一家专业的翻译机构成立起来了。

创业开始,也是举步维艰,第一个月,翻译社的全部收入才700元,而当时每个月的房租就2400元。于是,好心的同事朋友就劝马云别瞎折腾了,连几个合作伙伴的信心都发生了动摇。但是马云没有想过放弃,为了维持翻译社的生存,马云开始贩卖内衣、礼品、医药等小商品,跟许许多多的业务员一样四处推销,吃了很多苦头。

整整三年,翻译社就靠着马云推销这些杂货来维持生存。1995年,翻译社开始实现赢利。现在,海博翻译社已经成为杭州最大的专业翻译机构。虽然不能跟如今的阿里巴巴相提并论,但是海博翻译社在马云的创业经历中也画下了浓重的一笔。

机不可失,时不再来。这是任何人都明白的道理,机会往往稍纵即逝,有如昙花一现。如果当时不善加利用,错过好运之后就后悔莫及。成功学创始人拿破仑·希尔说过:"生活如同一盘棋,你的对手是时间,假如你行动前犹豫不决,或拖延行动,你将因时间过长而痛失这盘棋,你的对手是不允许你犹豫不决的!"

很多著名品牌的产生和跨国公司的崛起,最初往往都是源于一个微不足道的想法以及敢想之人的敢为之举。

一天,李嘉诚在翻阅英文版《塑胶》杂志时看到一则报道,意大利有家公司已经开发出利用塑胶原料制成塑胶花的方法,并将进行大批量生产,向欧美市场进行大规模进攻。这时敏锐的李嘉诚推想,欧美的家庭都喜欢在室内户外装饰花卉,但是快节奏的生活,使人们没有时间去种植娇贵的花草。而塑胶花则不同,他不需要人们花时间去看护它,从而可以弥补自然花的不足,这里面应当存在很大的商机。而且,李嘉诚更长远地看到,欧美人天性崇尚自然,塑胶花的前景不会太长。因此,要占领这个市场,就必须迅速行动,否则就会贻误商机。

商场面临着诸多不确定性因素。正是这种不确定性因素才使许多创业的人们获取大量的财富。于是,李嘉诚以最快的速度从意大利引进了设备,并花重金聘请了塑胶花专业人员,大力开发塑胶花。由于动手早,李嘉诚抓住了人无我有、独家推出塑胶花的机会,并运用低价策略,迅速占领了香港的塑胶花市场,从而使企业得以迅速发展。

现在有很多年轻的朋友,非常想改变目前的生活状况,想通过跳槽或创业,来实现自己的梦想。但是想归想,却始终不敢迈出第一步,每天依然在原地转圈子,去重复自己不喜欢的工作。就这样日复一日,等到年龄大了,更不敢轻易放下既有的生活了。

没有什么习惯比拖延更为有害。更没有什么习惯,比拖延更能使人懈怠,减弱人们做事的能力。"明日复明日,明日何其多。我生待明日,万事成蹉跎。"拖延,就在这不经意间偷走了我们的日子。任何憧憬、理想和计划都会在拖延中落空,任何机会都会在拖延中与你擦肩而过。

世上也没有任何事情比下决心、立即行动更为重要,更有效果了。因为人的一生,可以有所作为的时机只有一次,那就是现在。"立即行动",是一种积极的人生观念,是自我激励的警句,是自我发动的信号,可以影响你的生活,乃至决定你的成败。

7. 99次的失败换来1次成功

成功是每个人终其一生所追求的,而失败则是许多人所恐惧的。所谓"失败是成功之母"告诉我们:在每个人的生活中,成功往往是在一次或几次的失败后获得的,而失败则是一种清醒剂,它督促人们获得更大的成功,一件事情的成功很有可能需要无数次的失败。

生活中常常听到"万事如意""一帆风顺"的祝福,可现实中,却没有一个人的人生是万事如意、一帆风顺的。每一个人都希望自己能够成功,而不愿遭受失败。很多人在失败后都灰心、气馁,殊不知真正的成功是建立在失败基础上的。我们需要在失败中,甚至是无数次的失败中总结经验教训,从而逐步走向成功。

王健林回忆,刚刚从事商业地产开发时,所经历的各种磨难真是数不胜数。例如,当时城市综合体项目在中国是个新兴事物,过去没人做过,因而项目开发的前三年就打了222场官司,平均每五天就上一次法庭,可想而知,当时是怎样一种令人头疼的局面。对此,王健林曾开玩笑似的说:"那些年我们什么都没干,净忙着打官司了。"然而就是这样艰难的开头,依然没有逼迫王健林放弃商业地产,他坚信商业地产具有可持续发展性,做好了能够带给万达稳定长期的回报。果然,功夫不负有心人,王健林终于熬过了所有的难关,迎来商业地产的春天。

今天,万达不仅稳居商业地产的龙头,更一跃成为地产界的标杆企业,使得后续跟进的商业地产开发企业,始终无法赶超。事实上,从行业的稳定长远性看,商业地产有着较住宅地产无法比拟的优势。住宅地产有高潮与低潮的起落,纵观全球的住宅地产业,没有持续50年兴旺的住宅市场。而商业地产契合经济发展步伐,尤其是伴随着中国经济持续快速健康发展,必将迎来长久的黄金期。

人们都知道马云在中国是一个响当当的人物,作为阿里巴巴集团的主要创办人之一,他在刚开始创业的时候并不是一帆风顺的,他的成功来自一次又一次的失败,是从充满曲折和艰辛的道路中走过来的。

马云大学毕业后,在杭州电子工业学院教英语。期间,和朋友成立了杭州首家外文翻译社。因为精通英语被邀请赴美做商业谈判的翻译,马云只身来到美国,在西雅图,他第一次接触到互联网。1995年回国后,对计算机一窍不通的马云决定辞职创办中国第一家互联网商业网站——中国黄页。在他的24位朋友中,23个人都说这行不通,但马云抱着就算是失败也要试一试、闯一闯的态度,坚持自己的想法。因为你如果不做,就永远不可能有新的发展。于是马云利用2万元启动资金,用租来的一间房作为办公室,一家电脑公司就这样成立了。在当时的中国,懂互联网的人少之又少,几乎没有人相信他。但马云仍然像疯子一样不屈不挠,逐个上门推销自己的业务。终于随着互联网的正式开通,业务量有所增加。

1997年年底,马云带着自己的团队上北京,创办了一系列贸易网站。但由于互联网的飞速发展,创业之路并不是一帆风顺。1999年,马云决定离开"中国黄页"南归杭州,以50万元人民币开始第二次创业,建立阿里巴巴网站。当时正值中国互联网最兴旺的时期,新浪、搜狐应运而生,许多网站纷纷易帜或转向短信、网络游戏业务,马云仍然坚守在电子商务领域。由于阿里巴巴困难依旧,为了节约费用,公司就安在他的家里,员工每月只能拿500元工资,累了就在地上的睡袋里睡一会儿。可由于没有找到合适的道路,几年内公司不仅没有收入,还背负着庞大的运营费用。2001年,互联网行业跌入低谷,不少公司因此倒闭,但马云依然坚持着,到了年底,阿里巴巴不仅奇迹般地活了下来,并且还实现了赢利。

创业的失败曾使马云几度苦恼。当时,他甚至怀疑过自己是不是选错了路,但最终他并没有因为失败而放弃,依然坚持走在这条艰辛的创业路上。就如他所说:"从创业的第一天起,你每天要面对的就是困难和失败,而不是成功。"他的经历让我们认识到,遭受失败并不可怕,可怕的是没有战胜失败的勇气。失败后自暴自弃的人,注定不会有所成就。

成功来自坚持。一个人的成功与坚持绝对脱不了关系,如果想要成就某件事情,就应该坚持不懈。纵观古今中外的成功人士,他们无不是在失败数次之后重新站起来,才得以成功的。

一位成功者曾说:"其实90%的失败者不是被打败的,而是因为自己放弃了成功的希望。"实际上成功者与失败者之间的差别就在于坚持,失败后不要放弃努力,因为成功往往在无数次的失败后才会到来。不能坚持只会失败,而99次的失败换来一次巨大的成功是值得的。失败是无价之宝,懂得在失败后坚持的人,便可以因此而孕育出最终的成功。

王健林认为:任何人都渴望成功,然而在涉世之初因为缺乏正确的指导,很多人往往事倍功半,无所作为,甚至有的人还会接受一些错误的信息,从而误入歧途。做企业同样如此,从创业的那一刻开始,我们注定要经历大大小小的失败。它们如冬日里的霜雪,既可以凋叶摧草,也可以使菊香梅艳。真正顽强的经营者敢于正视失败,因为他们深知:失败是成功之母,没有前面九十九次的失败,就不会有第一百次的成功。失败是通往成功的阶梯,每失败一次就意味着距离成功又近了一步。因而,当企业遭受失败时,一定要懂得总结教训,寻找问题的根源,从中找到自身的不足,从失败中摸索通往成功的道路。

8. 聪明不是第一位，更重要的是激情

所谓激情，就是要有一种面对困难敢于克服，面对机遇敢于挑战，面对艰险敢于探索，面对落后敢于奋起，面对竞争敢于争先的勇气。激情不是一个空洞的名词，它是一种力量，是一种精神支柱。

王健林无疑是个非常有激情的人。此前，一段王健林在万达年会上唱歌的视频红极网络。那个手持麦克风，听着前奏用手指微微打着节奏，在全场的尖叫和欢呼声中略显不好意思的王健林，那个一开腔唱功了得，而且唱得陶醉的王健林，刷新了人们对他的印象。

在许多人眼中，王健林不苟言笑，很少有人想到，他也曾是一个文艺青年。

1979年，在大连陆军学院留校任参谋后，王健林很快表现出自己的"文艺范儿"，不仅常写文章，还写诗。他的一名老战友告诉环球人物杂志记者，王健林业余时间非常喜欢看书，人物传记、哲学著作、政治经济学著作都看，还早早看完了《资本论》。学院办有黑板报，每周一期，王健林经常在黑板报上写诗，有朦胧诗，也有古体格律诗。此外，他还经常在军区办的《前进报》上发表文章，甚至还有文章发到了《大连日报》《解放军报》上。"学员队在报纸上发表的文章里，大概有80%是王健林写的，他所在的学员二队是新闻报道先进学员队。说这个称号是他给挣回来的，一点不夸张。"

因为文笔好，王健林被调到学院宣传处当干事，负责学院党政专修班的组织和协调工作。他联系了坐落在大连的辽宁师范大学，请老师定期来讲课。在这个过程中，王健林走出相对封闭的部队，与

地方和社会上的人士打交道,开始转型为市场化人才。

此外,王健林爱好收藏,祖辈和父辈都在诗书方面有所浸润,1992年他就敢于押上全部身家、花800多万买下傅抱石的一幅画。他也曾开玩笑说,"下海"很大动因是为了有钱搞收藏。

目前为止,王健林唯一的"自传"是一本演讲集。他曾公开表示:"枪手写不了我的思想和我的感受。"他要自己写。"老实说我自己文笔也是很优秀的,写文章能被我看上的人也不多,所以我一直不主张别人来给我写。"目前,他的计划是2020年从一线退下来,花半年到一年的时间好好写一本自传,"给年轻人一点启示"。

除了写作,王健林还非常喜爱唱歌。2013年,他的歌艺曾让采访他的美国《财富》杂志记者惠特福德大吃一惊。

一天晚上,惠特福德来到王健林妻子林宁经营的会所,王健林已在房间中等待他们。"卡拉OK厅里的设施极为现代,绚丽的灯光,巨型的舞池,还有宽大的真皮沙发。但气氛仍停留在王健林最熟悉的80年代的歌厅时代。"当晚,王健林的表演出乎惠特福德的意料。"没想到这位(近)60岁的房地产大亨还是一流的男高音,他演唱了极耗体力的压轴曲目:藏族和蒙古族民歌。"

多位万达员工透露,每年万达的年会,王健林都会唱几首歌。只不过以前内部视频没有传出来,今年流传到网上后才引起围观。"王健林唱歌的风格并不固定,激昂的、高亢的他能唱,柔情的也能唱。"

激情对于成功者来说是相当重要的,一个人如果没有激情,就会觉得什么事都不想做,也什么事都做不好,导致越来越消极,越来越颓废,最终只能是碌碌无为,一事无成,走向失败。对于一个年轻人来说,如果没有激情那是非常危险的。

美国《今日心理学》杂志曾有报道,一般人可能认为,成功只需要一个聪明的脑袋,但事实上,对于大多数成功者来讲,聪明并不是第一位的,更重要的是激情。

的确,激情常常激发人意想不到的创意。因为拥有激情,人的大脑便会保持长时间的兴奋,使思想随意碰撞、交织、融会,创意便常常在其中诞生。并且,人拥有激情,便习惯从任何事物中发掘其本质,激发自己的灵感。激情还使人敢于谋事,善于做事,让创意践于实际,以务实的作为映衬空谈的懦弱。

见过马云或者在电视上看过马云的人,都会被马云那种好像全身都充满着的激情所感染。事实上,马云也正是因为激情才获得极大的成功。

1999年,当阿里巴巴还并不被大多数人知道并接受的时候,马云就对同伴宣称:"我们要做一家80年的公司,要进入全球网站的前十名。"就在这时,曾在瑞典Wallenberg Family(瓦伦堡家族)主要投资公司Investor AB(银瑞达)任副总裁的蔡崇信,到阿里巴巴来探讨投资。几次接触下来,蔡崇信被马云的思维和激情给俘获了。他当即决定,要抛下75万美元年薪,加盟阿里巴巴领取500元薪水。马云的激情,不仅使自己突破重重困境,并且也感染并吸引着和他接触过的每一个人。

后来,马云更是"激情四溢"地宣称:"我们要做一家102年的公司,要进入全球网站的前三名。"所有这些疯狂的想法,都是激情使然。

激情让人相信任何事情都有解决的办法,关键在于你的对策是否切实、有效,具有针对性。激情促使人们想方设法找到问题症结,寻求对症下药的良方,让困难在自己面前低头。面对同样的问题,激情的勇者,想的是如何设法化解、战胜;懦弱者,则想的是如何一停二看三逃避。一样的难题,一样的挑战,却有不同的态度,不仅表现出不同的思想境界，而且必然带来不同的发展局面和后果。

美国成功学大师拿破仑·希尔认为激情是一种意识状态，能够鼓舞和激励一个人对手中的工作采取行动。有一天晚上，他工作了一整夜，因为太专注，一夜一眨眼就过去了。他又继续工作了一天一夜，除了其间停下来吃点清淡食物外，未曾停下来休息。如果不是对工作充满激情，他不可能连续工作一天两夜而丝毫不觉得疲倦。因此，激情并不是一个空洞的名词，它是一种重要的力量。

每次希尔在评价一个人的时候，除了考虑它的能力才干之外，还非常看重他的激情，因为如果有了激情，就会有无限的精力。要是你没有能力，却有激情，你还是可以使有才能的人聚集到你身边来。假如你没有资金或设备，若你有激情说服别人，还是有人会回应你的梦想的。激情很多时候就是成功和成就的源泉，你的意志力、追求成功的激情越强烈，成功的概率就越大。

如果我们留意身边，可以发现，有些人专业知识并不过硬，人也不是很聪明，但往往取得令人瞩目的成就。这样的事实证明，有些人之所以可以成功，往往归结于他追求理想的激情。激情能够让人尝试平常人从未想过、自己也没有一点把握的事情，人的潜能继而被激发。

现今的我们正置身于一个欣欣向荣的大时代，正当是大有作为的时候。虽然在前进的道路上会有许多困难和挑战，但即使这样，我们也应该正确面对，勇于克服，敢于拼搏。只有始终保持一颗不断进取之心、一股激情蓬勃之气，便会有追赶、超越、必胜的信念，最终取得成功。

当然，激情也并不等于头脑发热、盲目决策、好高骛远，更不等于随心所欲、目中无人、为所欲为。而是从客观实际出发，积极乐观地面对现实，刻苦奋进、锐意进取，开拓创新。如此，才能实现自己的理想、奋斗目标和人身价值！

第二章

相信自己才能超越自己

1. 意志力决定成败

　　人生的信念最重要，一个人能在生活的种种磨难中屹立不倒，靠的就是信念,我们要相信自己,相信只要不断努力,明天就一定会比今天更美好。

　　对此,王健林曾和大家分享过这样一个故事,这也是万达转投商业地产之后他亲身经历的一件事情。

　　沈阳太原街的那个万达广场,在设计之初曾专门请教了国内两位知名的商业专家,帮忙设计了一个步行街项目。项目落成之后,销售工作很快就结束了。就在大家正沉浸在一片成功的喜悦中时,令人意想不到的事情发生了。店面被卖掉之后,没多久便接到了客户的集体诉讼,原由是他们买了店面之后,生意一落千丈,几乎是颗粒无收。虽然最终官司赢了,但王健林觉得心里不安,这并不是项目设计之初的本意，他实在不忍心见到老百姓辛辛苦苦攒下的积蓄就这样打了水漂。于是王健林决定打碎牙往肚里咽，为大家解决好这个问题。

接下来，王健林先后又请了一些专家来出谋划策，有的专家说项目设计中缺一个盖的设计，没法遮风挡雨；有的专家说地下空间设计不合理，导致交通不畅；等等。王健林均依照专家们的建议逐一落实，前前后后折腾了三四年，花了好几千万元，可问题依然没能解决。面对再也无法救活的步行街项目，王健林最终决定将整个步行街的项目炸掉重新设计建造，彻底解决问题。这样一来，损失至少十五六亿元资金。

对此，万达高层都沉默了，毕竟这不是一个小数目，况且这件事的责任原本不在万达，因此大家都觉得付出这么大的代价有些不值得。可是倔强的王健林坚持要为此事负责到底，他宁愿自己吃亏，也绝不让老百姓的利益受损。就这样，原本已经销售殆尽的整条步行街瞬间便化为灰烬了。经此一役，沈阳的万达火了，众人都知道万达重信誉，王健林重信誉。尽管付出的代价着实不小，可王健林觉得很值，看到百姓们信服的眼神，他原本有些沮丧的心一下敞亮了起来。

任何一个企业的发展都不是一帆风顺的，万达的成长也不例外，而其中的坎坷与艰辛是常人难以体会到的。然而无论怎样艰难，倔强的王健林都坚定地挺了过来。用王健林的话来说："我到了黄河心也不死，撞了南墙也不回来，为什么？到了黄河搭个桥就过去了，撞了南墙搭个梯子就翻过去了。所以只有这种精神，才能够获得所谓的成功。"

凭借着坚持不懈的意志力，王健林挺过了一次又一次的难关，终于守得云开见月明。经历了一段时期的努力和摸索，万达终于迎来了商业地产的春天。

俞敏洪说:"每个人都是与众不同的,每个人都有在生活中赢得自己地位的能力,每个人都有自己独到的观察世界的方法,每个人都有潜能和局限,只要恰当利用自己的能力我们就能够成为有创造力和思考能力的人,只要我们相信自己,就可以成为一个胜利者。"

我们从出生开始,就在不断地超越自我。蹒跚学步的时候,一次次地跌倒又一次次地爬起来,直至最后离开父母的怀抱,迈出人生中的第一步——这是我们人生中的第一次自我超越。

中学的时候,俞敏洪有过从差生到优等生的经历。他说"我上中学时数学成绩很差,后来我就把数学书逐字逐句地从头学到尾、练到尾,并且反复好几遍,后来,我的数学成绩就考到了班级前列。"这一经历也使他树立了一种信念:只要相信自己,向着目标循序渐进地去努力,就能超越自己,使人生变得精彩。

他说:"我们总是看着机会从身边溜走,因为犹疑、懒惰而只能事后追悔;我们容易满足现状,因为我们从来没在脑海中有过辉煌的计划;我们不敢面对未来,因为我们从不相信自己,以为世界是手心的流沙,手一紧就会流失;我们未能突破,因为我们无法发挥潜能,不能超越自己。"

从1985年北大毕业到1993年创立新东方,俞敏洪一直在探索自己的发展方向,相信只要坚持努力奋斗,就会有结果。

"我创业的时间比较长,大概十年左右,我是1985年毕业的,到1995年,新东方学校已经做得比较不错了。创业这段时间是我孤独苦闷探索的时间。但在这期间,我从来没有放弃过对自己的信心。虽然内心也会有一些自卑,觉得自己不如别人,但是我依然是充满信心地虚心学习各方面的知识,提升各方面的能力,终于取得了成功。"俞敏洪这样说。

当我们坚定信念不做一个平凡的人，坚信自己与众不同之后，我们就会想方设法地努力提升自我。随着能力不断地提升，就会达到超越自我的目的。

生命的意义不在于历尽磨难痛不欲生，凄凄惨惨地偃旗息鼓，而是在于尝遍人间百味之后，仍义无反顾地坚持战胜磨难。这种百折不挠的坚持精神才是万达这所"黄埔军校"的灵魂所在。

2. 忠于愿景，挑战自我

成功者往往都胸怀大志，王健林也不例外。尽管他一手创办的万达已经是声名远播，但他并不满足于此，而是志在追求更高的人生目标——他要带领万达走出大连，走出中国，做世界级的长寿企业。面对着这样一个远大的梦想，万达就像一名充满斗志的钢铁战士，不畏艰难，不畏险阻，一路披荆斩棘，朝着自己的梦想执着地奔跑着。

在很多场合，王健林都曾公开表示："我们进入一个行业就一个目标，要么做中国第一，要么就做世界第一。"看似狂妄的言辞其实展露的是万达始终走在行业前列的主要原因：忠于愿景，挑战自我。

在一般人看来，万达的世界第一只是指企业规模。但王健林心里是如此认定的："万达要做就做全产业链的世界第一。"因为从行业来看，一般人们只会记住两个品牌，但第一名品牌的效应比第二名品牌的效应要高得多。只有做到行业第一，才可能实现品牌的延展性或关联性，不只是简单的现金流和账面利润，还会产生边际效益或新的利润增长点。

事实证明，万达如今正朝着这个目标一步步迈进：每年新开大量百货店、星级酒店快速扩张、旅游产业风生水起、海外商业布局日益成型。

不仅如此，王健林心中还藏着几串完全可以脱口而出的数字。比如，谈及企业持有物业面积，他会说，2020年原定计划是5000万平方米，但估计那个时候会达到6000万平方米。

而提及企业资产规模和收入，王健林会说，"到2020年万达资产规模会达到6000亿，且非商业地产收入会超过一半。"

而对于未来将继续发力的文化旅游行业，王健林也早就画好了一张大饼。"任何商业都有天花板，唯独文化产业没有，因为除了获得明显的收益，文化的品牌影响力更大。"王健林表示，文化旅游业务的地位在未来5～10年也许会超过房地产，并将争取在2020年以超过800亿收入的姿态进入世界文化产业前十。

如果说王健林是一名"铁匠"，那么，他二十几年如一日为之努力的就是，将手中所有的"兵器"都锻造成"天下第一"。

创业要目标明确，盲目做事只会浪费时间与生命。积累所有取得成功的必备条件与因素，量变就会形成质变，梦想终将实现。

俞敏洪的父亲是个泥瓦匠，经常帮别人盖房子。每次盖完房子，他的父亲总会把废弃的碎砖瓦捡回家，看到路边的砖瓦石也会一起带回家。就这样一两块砖、三五片瓦，越积越多。年少的俞敏洪不知道这堆砖瓦的用处，直到有一天父亲用这堆砖瓦在院子的一角砌成了一个方方正正的猪圈。

长大后的俞敏洪猛然意识到,原来多年前父亲盖猪圈的整个过程阐释了成功的奥秘。"一块砖没有什么作用,一堆砖也没有什么用,如果你心中没有一个造房子的梦想,拥有天下所有的砖头也只是一堆废物;但如果只有造房子的梦想而没有砖头,梦想终将无法实现。小的时候,我家穷得连吃饭都成问题,自然没有钱去买砖盖房子,但我的父母并没有放弃,日复一日地捡起砖头碎瓦,终于有一天积攒了足够的砖头来造心中的房子。"

在以后的日子里,这种精神一直激励着俞敏洪,也成了他做事的指导思想。"金字塔如果拆开了也只不过是一堆散乱的石头;生活如果过得没有目标,也只是几段散乱的岁月,但如果每一天都努力实现梦想,散乱的日子就积成了生命的永恒。"俞敏洪感慨道。

顺丰王卫曾说过,同样画画,有的人一辈子做画匠,有的人却能够成为画家。显然,他希望自己是后者。这个只关心物流,"物流以外的事情都不关心"的人,对物流业有着宗教徒般的虔诚和争做行业翘楚的雄心壮志,这正是即使强大如马云也难以撼动他的地方。

拿破仑说:不想当将军的士兵,不是好士兵。创业者并不一定天赋异禀,但一定是个充满希望的造梦者。这是因为,任何创业都意味着风险和不确定性,在较高的失败可能性的前提下,没有理想和目标,缺乏创业的激情和想象力,坚持创业将是一件失败风险极高的事情。而对于企业和企业家来说,勇争第一的天性让他们更易成功。

正如生命离不开空气一样,目标也是成功必不可少的因素,明确的目标是成功的一半,可以给我们描绘清晰的未来,并指明努力的方向,促使我们积极进取,不断调整自己的思想以及工作方式和路径。王健林说:"深信不疑的就是,心有多大舞台就有多大,志向大小决定了你成功的概率。"

3. 做少数人支持，多数人反对的事

王健林认为：所有人都认为能赚大钱的行业你一定不能进，只有少数人认为能做、多数人认为不能做的事情你才能获得超额利润。

"我们盖购物中心、电影院是相关的行业，想获得超额利润，想赢得比别人更快的发展步伐，一定要敢于去做别人不敢做的事情。所有人都认为能赚大钱的行业你一定不能进，只有少数人认为能做、多数人认为不能做的事情你才能获得超额利润，真理掌握在少数人手里。"

王健林突破成规的冲动，在万达集团的建立及扩张之路上，起到至关重要的作用。

2009年年初，受经济危机的影响，大部分房地产企业选择了收缩，万达却逆市扩张。王健林认为，中国没有出现全面危机，只是进出口暂时遇到困难，中国经济会很快恢复，坚持较快增长。2008年第四季度和2009年前两个季度，万达都选择了大规模投资买地。

由于敢于逆市拿地，且拿地后立即动工，万达出现了业绩翻番的局面。2010年上半年，万达销售额同比增长超过200%。其中，万达旗下的核心支柱企业和计划上市平台的万达商业地产股份有限公司实现房地产合同销售面积278.8万平方米，合同销售金额334.4亿元，成为上半年仅次于万科，销售额突破300亿元的房企。其销售额的一半以上来自商铺、写字楼等非住宅类物业。

王健林说，富贵就要从险中求，"如果一件事周围所有的人都同意你去做，那你千万别做，如果只有少数人认为可以做，这少数认可

的人中还有一部分没有胆量去做,那你就可以去尝试。"

前些年有一则广告词叫作"不走寻常路",不走寻常路,顾名思义就是不走一般人都走的路。不走寻常路也意味着另辟蹊径,很多时候,走寻常路,跟在别人身后亦步亦趋的人往往碌碌无为,而不走寻常路的则能够走向成功。在寻常的道路上,你只能欣赏路边的花花绿绿;而只有当你走上了不一样的道路,你才有可能领略到和别人不一样的风景。

阿里巴巴最初建立的时候,一共只有18个人,这18个人后来被称为阿里巴巴十八罗汉。他们全是马云做教师时认识的同事、学生,或者好朋友。当初马云离开外经贸部决定南下回杭州创业的时候,他对这些人说:"我要回杭州创办一家自己的公司,从零开始。大家愿意同去的,每月只有500块钱的工资,愿意留在北京的,我可以推荐你们去收入很高的其他公司上班。"出乎他意料的是,这些人竟然没有一个人离开,都愿意跟他一起回杭州创业。

于是在1999年春节之前,马云带着原班人马从北京回到杭州,为即将到来的新事业做前期准备,他们准备做一个电子商务的网站。但是工作刚开始,大家便有了不同的想法。有人主张做B2C,有人提出做C2C。最后,马云做出决定,他说:"我们就做B2B。"

当时大家都觉得这个想法不太可能实现,因为当时互联网上还没有这种模式,至少中国的互联网上还没有。但是马云却说:"如果一个想法80%的人都说好,那么你可以直接将它扔进垃圾桶。如果大家都想得到,别人能比你做得更好,你还做什么?"他当即拍板就做B2B。事实的确如此,马云是对的,阿里巴巴空前成功。

【王健林的谜　万达的那套办法】

不走寻常路就是自己开辟一条只属于自己的路。不走寻常路的人不一定都能走向成功,但是只要自己肯努力,肯付出,能坚持不懈地走下去,总会有所收获。每个人都希望自己可以闯出一番事业,可以实现自己的梦想,但如果大家都走同一条道路,那就是千军万马过独木桥,总会有人掉下河的。不走寻常路,就是要我们创新,只有创新,才能引领潮流,才能在日益激烈的竞争中立于不败之地。

古人云:"天下之事,辗转相胜;天下之巧,层出不穷。"时代需要创新,需要开拓者。生活在这个竞争激烈的社会里,人们需要有自己独特的思维和创造力。这正如法国思想家蒙田所说:"我不愿有一个塞满东西的头脑,而宁愿有一个思想开阔的头脑。"如今的社会,没有独树一帜,就不会有伟大出众的事业,吃别人嚼过的馍是没有味道的。

每个人的智商都是差不多的,大家都想做的事,一定会竞争激烈,相对你自己来讲机会就很少了。因别人都不愿意做,所以竞争者较少,你的机会就会更多,容易取得事半功倍的效果。

做别人不愿意做的事,无人注目,专注工作,容易成功。做大家都想做、关注的事,你既要研发做事,又要防别人"盗窃",还要应付各种关注,无时间工作。

诚然,走和别人不同的道路一定会遭遇前所未有的困难,但是只有经历风雨,才能看到美丽的彩虹,所以即便是一片荆棘,也要勇敢地走下去,即便失败了,那也会是一种难得的经验,一笔宝贵的财富。

齐白石说:"学我者生,似我者死。"跟随着别人势必就会失去了自我,失去梦想,失去与成功拥抱的机会。只有走自己的道路,才可能走进一块属于自己的天空里,只有走与众不同的道路,才能够成就不一样的辉煌。

4. 目标是坚持的原动力

　　王健林说："任何成功都是不断完善的过程，只有坚持才能得到。"2000—2004年，这三年对于刚刚涉足商业地产的王健林可以说是灾难重重。这三年，万达几乎面临了倒闭的风险。当时的社会舆论对万达十分不利。王健林除了要承受这些社会舆论还要忙于应付各种官司，公司连正常运转的能力都没有，更别谈业务的发展壮大了。

　　面对着如此极具毁灭性的局面，王健林出人意料地还是选择了坚持。也许，坚持已经是王健林的一种习惯了，一种与生俱来的习惯。否则面对着这么多、这么大的困难，他怎么会一如既往地选择坚持呢？究竟是什么样的力量让王健林在困难面前永远坚定不移地屹立着？

　　答案就是对目标孜孜不倦的追求。王健林是一个目标性极强的人，他将万达的战略目标定位在了"世界第一"的位置上。为了这个目标，王健林练成了"金刚不坏"之身——面对任何困难都以一种无惧的意志力坚持战斗下去，直到战胜它为止。也许，这是王健林作为军人时培养出来的一种品质，也许王健林天生就是一名战士，生在战火纷飞的年代，他会是一名顶天立地的超级英雄，生在了和平年代，便成就了他一番辉煌的事业。

　　一位资深媒体人说："我也见过挺多中国商人的，王健林的思维非常清晰。他知道自己要做什么，什么时候、什么阶段应该做什么。"《环球人物》杂志记者采访时，另外几位万达的老员工也不约而同地提到，王健林"自我学习的能力特别强"。这一点，从他近几年不断跨行业发展,不断开拓陌生领域就能看出——

2006年,涉足电影院线,当年实现赢利,不到10年,就拥有了百余家影院,千余块银幕;2010年,与美国弗兰克公司合作成立演艺公司,打造顶级的中国文化秀。4年后,汉秀剧场在武汉中心文化区全球首演;2013年,砸下500亿在青岛建立"东方影都",并与奥斯卡金像奖主办方美国电影艺术与科学学院,以及全球四大艺人经纪公司签署协议,从2016年起,每年在青岛举办国际电影节,计划用3~5年将其"打造成世界排名前列的国际电影节,改变中国没有电影文化世界品牌的局面"……

接二连三的文化领域大手笔投资,在打响万达品牌的同时,也让一些公司管理层心生疑惑:"这能赚到钱吗?"王健林看问题的角度却大不相同:"所有的行业都是有天花板的,文化产业却没有。只要你做得好,它的赢利空间是无限的,而且它还有巨大的品牌效益和穿透力。"

前进的道路有了方向,前进者才不会迷路。目标就是一个企业前进的方向,任何时候目标的确立对企业来讲都会起到很大的推动作用。有了目标的指引,奋斗才会有意义,坚持的过程才会充满甜蜜。

5. 成功源自"不安分"的心

任何持久不衰的激情都是需要理由来支撑的,那么想要成功的激情无疑就是对事业的野心最好的理由。拿破仑说不想当将军的士兵不是好的士兵,同样不想成为一个富人的创业者是不会获得大发展的。

王健林本人并不满足"商业地产教父"的名号,他懂得顺势而为,也善于打破规则,一次次颠覆自我,让万达的摊子越铺越大。从商业地产到高级酒店,从百货连锁到文化投资,从电影院线运营到青岛东方影都开发……王健林带领万达一次次震惊业界,打造了一艘巨型商业航母,而他自己的财富也呈几何倍数增长:2013年年初,胡润发布2013全球富豪榜单,他以780亿元的财富跻身华人第七;而半年后彭博社发布的亿万富翁排行榜显示,他以1350亿元的身家成为新科中国首富。

商业帝国的崛起绝非一日之功。从林业工人、军队独行侠到下海淘金者,王健林主动改写着人生轨迹。而在商海游弋多年,他带着万达搞过医药,做过电梯,研究过高科技,直到最后在特殊的历史环境下选择进入了房地产行业,才有了日后万达的风生水起。

尽管万达旗下院线、百货应有尽有,但王健林没有太多时间去休闲,他的时间全都用在了万达的投资和创意决策上。今天,同辈的王石、任志强等人大多已经退居二线,但是他仍竭尽所能地出现在万达重大活动的每一个现场,在通往梦想的道路上奔跑。

作为千亿元企业的掌舵人,王健林对外是规则的挑战者,对内则追求不可抗逆的规则。多年来,他对"最大""最早""最多""第一流"的追求和热爱远胜于其他人,换句话说,只要万达进入的行业,其他企业都视其为"猛虎"。于是我们看到,从商业地产教父到文化产业大鳄,王健林成为这个商业时代最出色的机遇猎手。

2014年,王健林收购了12家旅行社,总规模达75亿,他的计划是在3年内靠并购做到全国最大……据说,王健林的投资逻辑非常直接:"我买什么能成为全球第一?"

【王健林的谜 万达的那套办法】

王健林的"野心"显然不止于做中国最大的"房东"。如今,万达的商业地产已经基本不用王健林操心。团队拿来新的选址方案,他看过后只要签字就可以。他开始把心思花在新的业务上。

2013年,王健林首次登上富豪榜榜首后,并没有停留太长时间。不到一年,阿里巴巴赴美上市,其董事局主席马云以1500亿元身家超车,一跃成为胡润百富榜首富。

互联网概念成了商界的宠儿,但王健林坚定地认为以万达为代表的"传统店铺经营"无可取代。他也开始涉足电商平台,尽管他自己还不太会用这些——2014年8月,万达与腾讯、百度成立电商公司,被业界戏称为"腾百万"。为了拥有自己的支付平台,万达同时与快钱进行收购谈判。王健林的想法很明确:2014年,万达广场有4000多万会员,2015年目标是1亿,此外还有十几万家商户,资源如此分散,万达无法掌控,但通过支付环节可以将它们连在一起。

大手笔收购,是王健林借资本之力实现万达版图扩张的又一尝试。

野心是成就一个人的前提。一个成功的富人会心胸宽广不计小事,这是因为他对自己的发展有宏伟的志向和野心,没时间在意那些小事。

野心是成就一个人的前提。野心够大,你也就有了容天下的胸襟,于是你更能容人之短,用人之长,在发展自己的过程中广得人和;野心够大,你也就有了不懈奋斗的动力,于是你可以吃得下别人吃不下的苦,吞下别人不能忍受的泪水;野心够大,你也就有了鸿鹄般的志向,于是你可以把握趋向不断前进,向着掌声和鲜花不断努力……你所有的成功都是根源于你那颗不安分的心。人们常说,心有多大,舞台便有多大,要成功首先就要拥有一颗宏大的野心。你所有的成功都是根源于你那颗不安分的心。

　　三国时期天下纷乱，群雄并起，逐鹿中原。当初曹操、刘备、孙权、袁绍、刘表均有实力竞"标"。曹操的"标的"是：一统天下，坐领江山。他自称"胸怀大志，腹有良谋，有包藏宇宙之机，吞吐天地之志"。刘备的"标的"是：上报国家，下安黎庶。他三顾茅庐时对诸葛亮说："汉室倾颓，奸臣窃命，备不量力，欲伸大义于天下。"虽然志向比曹操略差些，但也算得上盖世英雄。孙权属"继承父兄遗产"而得国，但也并非泛泛之辈。他在位期间，国力强盛，士民富庶，足与魏、蜀鼎立，偏安江东。反观河北袁绍就差多了。袁绍本身出自四世三公，起点高，名声大，拥数十万之众，谋臣无数，战将如云，也曾有兴汉灭贼之志，但徒有虚名，属"干大事而惜身，见小利而忘命"之辈，被称为"羊质虎皮""凤毛鸡胆"，为后世所唾笑。刘表则领荆襄之地，地沃利广，豪杰众多，但胸无大志，目光短浅，甘为井底之蛙，本有进取中原的绝好机遇，但他却以"吾坐据九郡足矣，岂可别图"而自足。

　　从上述案例可以看出，众人之中，曹操的目标最远大。正如史官赞诗所言："曹公原有高光志，赢得山河付子孙。"

　　目标远大，才能充分发掘你的潜能。高尔基说："目标愈高远，人的进步就愈大。"不少人有这样的体会：当确定路程有10千米的时候，走到七八千米处便会因松懈而感到很累；但如果要求走20千米的路程的话，那么在七八千米处，正是斗志昂扬之时。所以说，目标远大，才能充分发掘你的潜能。

　　20世纪80年代，美国的快餐业竞争十分激烈。连锁快餐公司比比皆是，麦当劳、肯德基、汉堡王等大店称霸全美，大名鼎鼎。但1969

年，从小就喜欢吃汉堡的戴夫·托马斯在美国俄亥俄州创办了一家名不见经传的汉堡餐厅，并用女儿的名字为店起名为"温迪快餐店"。

汉堡餐厅规模虽小，且市场竞争也相当激烈，但戴夫·托马斯毫不气馁，从一开始他就为自己制定了一个高目标，那就是温迪快餐店要赶上快餐业老大麦当劳！

激烈的竞争中，为保住并稳固自己快餐业老大的地位，麦当劳花费了不少的心机，温迪快餐店很难有机所乘。起初，戴夫·托马斯走的是"隙缝路线"。当麦当劳把自己的顾客定位于青少年时，温迪快餐店就把顾客定位在20岁以上的青壮年群体。为了吸引顾客，戴夫·托马斯增加了汉堡肉馅的分量，在大部分汉堡上，他将牛肉增加了零点几盎司。这一不起眼的举动为温迪快餐店赢得了小小的成功。

1983年，美国农业部进行了一项调查，发现麦当劳号称有4盎司汉堡包的肉馅，重量从来就没超过3盎司！趁此契机，戴夫·托马斯请来了著名影星克拉拉为自己拍摄了一则享誉全球的广告，为温迪快餐店问鼎快餐业霸主地位奠定了重要基础，成功的广告为戴夫·托马斯的温迪快餐店带来了营业额的巨幅增加。

广告内容为：一个认真好斗、喜欢挑剔的老太太，正在对着桌上放着的一个硕大无比的汉堡包喜逐颜开。当她打开汉堡时，她惊奇地发现牛肉只有指甲片那么大！她先是疑惑、惊奇，继而开始大喊："牛肉在哪里？"美国民众对麦当劳本来就怀有许多不满，适时而出的温迪快餐店广告马上就引起了民众的广泛共鸣。一时间，"牛肉在哪里？"这句话不胫而走，迅速传遍了千家万户。

1990年，温迪快餐店的营业额已达到了37亿美元，同时迅速发展了3200多家连锁店，在美国的市场份额直逼麦当劳，温迪快餐店凭借执着于目标的不懈努力坐上了美国快餐业的第三把交椅。

世界上最贫穷的人,并非是身无分文的人,而是毫无远见的人。只有看到别人看不见的事物,才能做到别人做不到的事情。

富有理想与有远景规划能力的人,喜欢不断地思索刺激进步的措施,并懂得将它们沉淀为某种特别有力的机制。

将人生的目标锁定在高位,这是任何一个富人都会有的思维;相反,平凡的庸人胸无大志、自甘平凡,他就将注定一生平平。气魄大方可成就大,起点高才能致高远。

6. 在最合适的时机实现高增长

企业的发展就如同人生一样,尽管过程很漫长,但要紧处就那么几步。对于一个企业来讲,发展自己固然重要,但能否抓住机遇也是十分关键的。在企业的关键时刻,一次的努力能抵得上平时的几次、几十次的努力,一年的努力能抵得上几年乃至几十年的努力。从这个意义上讲,把握住了关键时刻就等于实现了企业的大飞跃。因而怎样把握最合适的时机,就成了一个成功企业家不得不思考的问题。

万达广场能做到让百姓满意、政府满意、企业满意,真正实现多方共赢的局面,其秘诀是什么呢?

首先,与政府的城市化发展策略紧密度高。万达顺应了中国城市发展的大趋势,满足各地政府加快城市发展的需求,例如万达的第三代产品——城市综合体,已经被看成了高档次城市的名片,既提升了城市档次,又缓解了当地的就业压力,因而备受各地政府的青睐。作为回报,政府为万达提供了快速拿地、土地分期付款等相关优惠政策。就这样,万达与各地政府共创了一个双方互赢的默契,同时也为万达日后的高速增长提供了有力的后勤保障。

其次,在瞬息万变的市场中抓住机会,迅速崛起。在国内房地产快速发展期内,万达早已完成了自身一切的准备工作,故而在行业的大周期内没有出现重大失误。正是由于万达已经提前做好准备,所以在时机降临的一瞬间,能以迅雷不及掩耳之势快速抓住机会,并一鼓作气,快速占领了国内市场。

有人说:如果说资金与资源是工业社会最重要的竞争要素,那么时间优势则是信息时代最强大的竞争战略武器。的确,在现今社会,参与创业的人在不断增加,如果你选好了一个项目,不赶紧行动,若是被对手先行一步,你的成功机会就会大打折扣。

抓住商机对于创业者来说很重要。那是决定创业者成败的关键所在。然而,什么是商机?并不是等到所有人都听到了发令枪响才是商机,用马云的话说:"如果时机成熟,就轮不到我来做了!"相反,恰恰是大部分人都还处在"看不到""看不清""看不懂"的时候才是最好的商机。

人们常说,弱者等待时机,强者创造时机。尤其是在这样一个信息时代,对于创业者来说,时机就是商机,商机就意味着成功。

1983年,霍华德·舒尔茨作为星巴克的市场经理,被派到意大利米兰去参加一个国际家居用品展。一天早晨,他来到宾馆旁边的一个咖啡吧。他发现意大利的咖啡店和美国很不一样,他们只向客人出售现做的新鲜咖啡。他看见咖啡师傅一边磨咖啡豆、压进浓缩咖啡、蒸牛奶、递给顾客,一边友善地与顾客聊天。

意大利当时差不多有20万家咖啡店,仅米兰一地就有1500家,几乎每一条街道拐角处都有一家,所有的咖啡吧都很受欢迎。舒尔茨发现,在这里咖啡店不仅仅是一种商业的模式,它已经成为了一种文化。咖啡就像是一种纽带,而咖啡馆则是人们情感交流和休憩聊天的绝好的"第三空间"。舒尔茨被这些充满人文气息的咖啡深深地震住了,坚信这种全新的咖啡文化必将成为休闲时代的潮流。

于是他抱着发扬这种文化理念的决心回到美国,他首先想到的就是改变星巴克,但是星巴克的管理层们却异常顽固,舒尔茨无法说服他们,以至于最终不得不离开了星巴克。

1986年,离开星巴克的舒尔茨开起了第一家咖啡店,这种新的咖啡文化,给了人们全新的体验,他的生意异常火爆,到1987年就开了三家,每个店的销售额都达到了年均50多万美元。而就在这一年,星巴克拥有者鲍德温等人打算把星巴克卖掉,舒尔茨立即融到了400万美元将它买了下来,就这样,新的星巴克诞生了。

时间进入到21世纪,现如今星巴克咖啡精神已经成了全球文化,很多人已经无法想象没有星巴克这个"第三空间"应该如何生活。它在全球范围内有近12000间分店,遍布北美、南美洲、欧洲、中东及太平洋区。霍华德·舒尔茨凭着他对人们生活文化发展趋势的深刻洞察与前瞻性的把握,在短短的20年时间里打造了一个遍布世界的咖啡王国。

世界管理大师彼德·德鲁克说过:"每当你看见一个成功的企业,必定是有人做出过勇敢的决策。"而勇敢决策的前提是有敢于领先的勇气和超前预见及清晰洞察。我们都知道,今天的商战规则已经不再是大鱼吃小鱼,而是快鱼吃慢鱼。在以互联网为代表的新经济时代,更是如此。要想抓住商机,就要在思想和行动上做好准备,敢于争先一步。

就拿大家都熟悉的诺基亚来说,它能够多年保持手机行业龙头老大的宝座,与其快速的技术创新能力密不可分。诺基亚认为,要在激烈的市场竞争中生存下去,唯一途径就是永远走在别人前面,永远比别人快一步。

诺基亚不断加速新品的开发速度,宣布每年都将拿出总营业额的9%用于研发新产品,其新机型开发周期平均缩短到不足35天。这也促使了诺基亚市场的空前繁盛,直到苹果和谷歌安卓的强势崛起,这个势头才被遏制。而苹果之所以遏制诺基亚,也是因为它更"快",当然这个"快"不是指机型,而是整个娱乐模式和概念上的全面领先。

与之相反,尽管东芝在中国最先推出低温多晶硅手机屏幕、最先配备CCD摄像镜头、最先实现视频拍摄功能的手机,但是由于东芝手机推出新品的速度明显太过缓慢,而这种缓慢使东芝手机错失许多市场机会,最后只得被淘汰出局。

思科CEO钱伯斯在他的一篇《速度制胜论》中说:"我们已经进入一个全新的竞争时代,在新的竞争法则下,大公司不一定打败小公司,但是快的一定会打败慢的——你不必占有大量资金,因为哪里有机会,资本就很快会在哪里重新组合。速度会转换为市场份额、利润率和经验。"

对于创业者来说,时间就是金钱,时间就是财富,应该以快取胜,创造时间效益,不轻易放过任何机遇。要牢牢树立起"时间就是商机"的观念,才能够捕捉到市场机遇。

如果没有一种抢先一步的竞争激情,终究会在竞争激烈的商战中被淘汰出局。现代企业以市场需求为核心,而市场又是瞬息万变的。抓住机遇,争取时间,就能因势利导,化险为夷,在竞争中取胜。

随着互联网的不断发展与深化,市场竞争已进入一个全新的时代,企业过去赢得竞争优势是靠成本、质量、技术、渠道等,但现在,这一切都已不再是唯一的优势,创业者唯有抢占先机,快速行动,方可立于不败之地。

当然领先代表创新,而创新必然会有风险,因此,敢于领先的创业者必须敢于承担风险,善于避开风险、减少风险、分散消除风险,并且有将风险转为机遇的能力,这样才能在领先别人的同时不至于将自身置于险地。

7. 从危机中寻找转机

马云曾经说过这样一句话:"危机来的时候,我就有一种莫名的兴奋,我的机会来了。"提到机遇,人们总会想到美好的未来,充满了向往,可提到危机,人们总是心存恐惧,恨不能离得越远越好。然而,世事多变,没有绝对的机遇,也就没有绝对的危机。事实证明,在通往成功的道路上,从来少不了危机的身影。

美国前总统尼克松曾说过:"汉字用两个字符来书写Crisis这个单词。'危'字代表着危险的意思,'机'字则代表着机会的意思。身处危机中,意识到危险的同时,不要忽略机会的存在。"在某些情况下,"危机"可能就是你的"转机",正如那句塞翁失马焉知非福。只要没到最后一刻,就不要轻易给"危机"下结论,把精力用在思考补救的办法上,它就一定会被你的信心和勇气化解。

2012年4月25日晚,王健林应清华大学邀请,登上清华大学经济管理学院企业家讲堂,发表了"创新与竞争优势——以万达为例"的演讲。

在演讲中,王健林提到在万达转型商业地产的初期,发现在国内很难找到能够设计万达广场的设计院。在当时,设计院大多是设计住宅或百货商店的,不会设计购物中心。无奈之下,万达只能向国外求助——请澳大利亚、美国的公司来设计,但是这样带来的问题也不可小视,不仅设计费用高,更重要的是设计时间过长,难以跟上万达的发展速度。

王健林没有坐以待毙,他心想既然万达有意把商业地产作为终身事业,就一定要有自己的规划设计院和管理公司,不能总是把自己的命运拴在别人的裤腰带上。于是2007年,万达商业规划研究院有限公司成立,这也是当时全国唯一一家从事商业项目规划设计,同时进行全过程管控的技术管理和研究机构。万达商业规划研究院擅长商业业态规划及大型购物中心、五星级酒店等大型公共建筑设计,是万达集团的技术管理部门。

规划院成立后,对万达广场的快速发展起到了强大的支撑作用。王健林说,企业管理中有这样一种说法:三流企业卖产品,二流企业卖品牌,一流企业卖标准。万达商业规划院先后为国家公安部、住建部、商务部制定了中国购物中心的消防规范、评价标准、管理标准等,体现了万达在行业中的地位。

武汉的楚河汉街项目,经王健林修改的规划图就有22版。如今规划院已经从最初的10人发展到400多人,这个部门依旧是万达最忙的部门。"2011年我只过了两个完整的周末。"万达规划院院长赖建燕说。

关于万达规划院的水平,从它拥有的专利可窥一斑。武汉"汉秀"中有一个重200吨的机械臂,要举着3个7吨重的LED显示屏自由移动、组合。"最初这个机械臂是请顾问公司做的,但觉得不好。后来是我们规划院特种机械所自己研制的,并且造价、安全性、工期都更优。"万达旅游文化规划院院长王元说。除了机械臂,"汉秀"的水下机械系统也是万达的专利产品。

心理学家曾分析说:"'危险'的可怕不在于危险本身,而在于人们对危险的认知。"就像之前比较流行的一系列跳水节目来说,同样是站在10米跳台上,训练有素的跳水运动员可以轻松地做出复杂动作后入水,而对于普通人来说,光是走上10米跳台的过程都让他两腿发软。所以,面对危险,首先要提醒自己:危险,并没有想象的那样可怕。

而如果从辩证的角度来看,这世上的事情十之八九都是危险与机遇并存,灾祸和幸运相依,有利有弊,有得有失。最危险的地方往往最安全,最安全的地方也许最危险。没有过不了的火焰山,也没有天上掉下来的馅饼,凶险的重重迷雾之后往往是柳暗花明的奇山秀水,而甜美的机遇之中又往往是糖衣裹着的炮弹。

斯蒂芬·霍金的一生可谓是磨难重重,他拥有着超凡的智慧和惊人的天赋,但是他在21岁时不幸患上了会使肌肉萎缩的卢伽雷氏症,所以被禁锢在轮椅上,只有两根手指可以活动。但是厄运并未就此止息,1985年,他又因患肺炎做了穿气管手术,被彻底剥夺了说话的能力,演讲和问答只能通过语音合成器来完成。

后来,他曾在一本书中写道,当他得知自己患病时,情绪十分沮丧。但当他认真进行深思之后,却变得很高兴,因为这正好使他专心于自己最具才能的事业。霍金说:"我不会有比这更好的命运机遇了,对此我心存感激。"

霍金把厄运看作一种机遇,从危险中抓住了转瞬即逝的机会,从而成为"宇宙之王",让自己的智慧充斥着整个宇宙。由此可见,即便是再坏、再可怕的危险其本身也有值得我们细细推敲的"另一面",找出这潜在的"另一面"就是发现机会的转折点。

李嘉诚之所以能够成为世界级富豪,其财富秘诀有多条,但是,善于把握危险中的机会却是其中十分重要的一条。1967年,经济危机席卷香港,导致股市暴跌,此时投资者普遍失去信心,香港的房价也随之暴跌,但李嘉诚却凭借过人眼光和开拓魄力,趁机大肆收购其他地产商刚开始打桩而又放弃的地盘。这样,在20世纪70年代香港楼宇需求大大增加时,他赚得钵满盆满。

而股神巴菲特之所以能够在资本投资界无往不利,靠的也是善于在危机中寻找机会的逆向思维方式。他曾经说过这样一句话:"当别人贪婪时我恐惧,当别人恐惧时我贪婪。"2007年,巴菲特数次减持手中的中石油股票,要知道,那时候的中石油股可是全亚洲风头最劲的几只股票之一。当时所有人都感到不解,可就在短短的几个月之后,"中国石油"的股价就大跌了。

到了2008年,由于经济危机的关系,全球股市一片低迷,作为金融中心的华尔街更是深陷泥潭、狼藉一片。这时候,巴菲特又逆势大手笔地购买了如高盛、通用电气、比亚迪等公司的股票。他说:"我喜欢熊市,熊市的东西很便宜,就像一个色鬼来到了女儿国,每次危机都是买入的绝好机会。"正是因为这种独特的思维方式和在危机中把握机遇的能力使得李嘉诚和巴菲特能够成为伟大的企业家和投资者。

美国大陆航空公司总裁格雷格·布伦尼曼说过："危机不仅带来麻烦,也蕴藏着无限商机。"然而,有些人在面对危机的时候,总是还没行动就已经被危机吓得手足无措,甚至抱着一种鸵鸟心态,把头一埋,无论外面发生什么事,自己只管逃避。然而,这样做的最终结果大家可想而知。

作为一个企业的领导者,要想让企业得以长期存在并发展,必须放弃一味忧怨畏惧、瑟瑟发抖的弱者姿态。勇敢地面对现实,强健肌体、激扬活力,化危机为转机,以争取到更大、更好的发展空间。

8. 轻眼前利益,重长远利益

王健林提醒人们,企业的运营者一定要有远见,没有远见的人只会看到眼前芝麻大的利益,却错过更长远的大利益。很多商业模式的赢利之道在于未来,且往往这些需要预见的赢利之道将会带来真正的大利益。这就要求企业要有大智慧——轻眼前利益,重长远利益。

由此可见,一个企业想要吃透其商业模式的赢利之道,并非易事,需要企业具有足够的智慧、丰富的经验、远见的卓识,而这些技能的培养是一个漫长而又必须亲身经历的过程。

如果说在中国王健林是第二个了解商业地产的专家,那么不会有人敢站出来说自己是第一人。王健林是少数在商业地产中游刃有余的行家,被称为商业地产界的教父,这个称呼的背后是王健林多年来坚持不断的摸索与碰壁。

人们常说:干一行要通一行。谈起商业地产的赢利之道,一向不善言辞的王健林竟能口吐莲花,讲得头头是道,朴实的语言讲出了王健林对商业地产的深刻透析。

万达作为一个房地产企业,最值得人欣赏的是它敢于正视过去,正视失败。数年来,万达在一片欢呼与斥责声中一路走来,不断探索和审视商业地产模式,反思过往的成败。就是在这样一种不断解剖自我、不断改革的过程中,万达最终探索出了最适合自身特点的商业地产模式,并认真分析研究,吃透了商业地产的赢利之道。

第一,万达坚持将新的利润增长点落实在商业地产的创新领域处,及时寻找未被发现的新增长机会,比如商业管理公司。万达成立商业管理公司的初衷,仅仅为了解决人才难觅的局面。可出人意料的是,商业管理公司经过几年的发展,竟发展成了万达的一个爆发式的新利润增长点。

第二,万达的另一个新利润增长点是充分利用商业广场外墙做广告出租业务。这个看似有些不起眼的点子,所产生的经济效益不容忽视。例如,上海万达商业广场每年的广告收入已经超过了1500万元。目前万达集团正在充分发挥这一现有资源的商业价值,与多个大公司洽谈外墙广告的承包问题,有望继续提升这一利润空间。

第三,加强后期商业运营的管理。万达加强了项目开业之后经营管理的服务力度,实施统一招商统一管理,从而有效地保障了项目运营的成功和商户利益。在招商过程中,对优质商户进行严格的筛选,不以提高销售业绩为目的,而是提高商户进入的门槛,对销售对象和招租商户进行严格把关,只有经营形式、企业信誉、经营品种等方面均符合万达的要求之后才能入驻,这为万达之后的经营管理打下了很好的基础。

第四，万达加大了商业项目的持有比例，甚至有的项目几乎采用全部持有物业的形式，从而加强项目后期运营的掌控和管理权，使项目的发展更加符合商业的整体利益。

第五，万达对公司利润的理念也做出了调整，一改过去以销售收益为主要利润来源的模式，转而注重以长期的租金收益和资产升值收益为主要利润来源，变销售赢利模式为租金赢利模式。就这样，万达在商业地产开发运营模式上更加合理化。

第六，随着商业地产开发的逐渐成熟，万达把尊重商业地产开发客观规律放在了一个很重要的位置。相比以前，万达更加重视商业地产开发阶段的管理，从最基层开始创收。例如，项目开发前期的商业管理的介入，使项目从商业定位、布局、项目各项功能配套和设备配套更符合其后期的商业经营的需求，为商户投资者的经营利益奠定了牢固的基础。

一个企业想要赢利，首先要选对商业模式，其次通过对商业模式的分析思考，尽可能多地找出这种商业模式的赢利之道。任何一种商业模式都不是"万能"的，不同时期、不同地区，企业所适用的商业模式是有很大区别的，只有适合的模式才是最科学的运营模式，才是真正的利润保证。

那么，企业在选择适合自身发展的商业模式时，有哪些诀窍呢？

第一，不做霸盘。俗话说："商场如战场，不是你死就是我活。"因而很多企业总是试图通过"霸盘"这种非正当竞争手段，违反商场正常秩序，强行占有全部资源，从根源上断了竞争对手的生路。如此不择手段的商业模式，只能带来一时昌盛，从长远来看，众商均仿之，必然会自食恶果，最终陷入万劫不复的深渊之中。王健林从经商之初，就坚持合作共赢，因此才有了万达日益发展壮大的新局面。

第二，机会与风险并存。今天的社会推崇创新者，很多企业认为只有创新才能取得成功。殊不知，创新的路上掩埋着多少前辈的尸骸。新的领域的确机会多，可风险也同样大。真正创新成功的人只有极少数人，大部分的创新者都成了探路者，倒在了路边。因此，王健林提醒经营者，试图通过创新取得成功的企业一定要理性地分析机会与风险指数，进行有分寸的创新。

第三，不要盲目跟风。现在有很多企业并不了解自己，不知道哪些模式适合自己，于是乎看到哪个企业赚钱了便迅速效仿。众企业一哄而上，很快导致了市场过于饱和，最终的结果是大家谁也没赚到钱，甚至很有可能赔钱。因而，企业在选择商业模式时，坚决杜绝羊群效应，认真分析自身的长短处，扬长避短地选择商业模式。王健林带领万达走到今天，每一步都是不断试错才摸索出来的。

第四，结合社会的大背景。企业生存在社会这个大背景下，其发展的每一步都离不开时代的趋势和需求。很多商业模式都是时代发展的产物，社会认可它，大众需要它，社会资源才会供应它，它才有了生存发展的空间。那些不适合大背景的商业模式注定是失败的模式，没有社会的供养，何谈生存发展？

在王健林看来，赢利之道是企业赖以生存的沃土，是企业运营的目的地。没有不重视利润的企业，没有利润的企业连基本的生存都做不到，何谈造福社会，造福人类……因而，吃透商业模式的赢利之道，是一个企业应该具有的基本生存技能。为此，经营者任何时候都要瞄准赢利，千方百计寻找对策，找到属于自己的蓝海。

第三章

人生最难的是"坚持"

1. 勤奋,笨鸟先飞早入林

2013年7月6日,在"中国创业榜样"大型公益活动中,王健林发表了名为《致奋斗》的演讲,生动阐释了创业中"勤奋可以弥补一切"这一观点。

奋斗是一种状态,是一种精神,可以简单概括为两句话:奋斗就是勤奋工作,充实生活。如今,大多数人都渴望成功,但是怎么样才能成功呢?

在王健林看来,成功的核心有三个方面:勤奋、才智和机遇,而勤奋是最重要的,因为勤奋可以弥补才能的不足。

二十几年前,王健林从一个转业军人创业去做房地产,当时完全是"两眼一抹黑"的状态,图纸看不懂,业务也搞不明白,同事怀疑他,同行笑话他,甚至很多人给他下了定论:从哪里来一定会

王健林的谜 万达的那套办法

滚回哪里去。

面对这些怀疑和讥讽，王健林没有退缩，反而下定决心先把业务学好。在之后的四五年里，王健林几乎放弃了全部的休息时间，白天要上班，他就利用晚上和节假日的时间，别人去玩的时候，他一个人窝在屋子里看图纸、看业务书，向别人请教。就这样，王健林相当于读完了房地产业务的大概两个甚至三个大学，不论是规划设计还是建筑经济学等，从一无所知变成了精通。

王健林凭借惊人的勤奋和努力，俨然成为房地产行业的专家，因此，他坚信勤奋可以弥补才智的不足，勤奋可以弥补一切。

天资与成功向来不成正比，只有努力与勤奋才是成功的必要条件。俞敏洪并不是一个天资聪颖的人。

新东方元老级人物徐小平曾开玩笑地说："我，北大团委文化部长；王强，北大艺术团团长；俞敏洪？观众！而且是大礼堂某个角落里的站票观众。"俞敏洪，江阴第一中学的风云人物，到了北大，不会说普通话，不会吹拉弹唱，英语口语和听力一团糟。大学五年是俞敏洪人生中充满了挫折、迷茫与无奈的灰色五年。

即便是面对如此灰暗的生活，俞敏洪依然没有放弃，他说："别人每天背100个单词，我就背110个单词，只要多努力一点，一年下来就比别人多背了3650个单词；别人一天学习10个小时，我一天学习11个小时，这样一年下来就比别人多学习了365个小时，也就是说比别人多学习了近两周的时间，最后别人的词汇量是无法和你相比的。"大学五年，他的词汇量在班里绝对是独步天下。

在新东方有一个很有名的段子，就是这样调侃俞敏洪惊人的词汇量的：老俞酷爱背单词，不，岂止是"酷爱"，毫不夸张地说应该是

"嗜背成性""不背就浑身不爽"。据说此人词汇量已达二百多万,人称"中华词汇第一人",颇为骇人听闻。此人有一"爱好",大街上遇到朋友,两眼放光,激动万分,不顾川流不息的车流、人流阻隔,冲上前去,紧紧握住对方的手,憋个良久迸出一句"考我单词吧!"并且有"不把我考倒不让你走"的"誓言"。其实谁考得倒老俞啊……他背单词到了如此境地:市面上买不到他能用的单词书了,全背完了!他便自己编写了一本GRE词汇,被大伙戏称为"红本本"。里面的单词到了什么样的地步,竟然连"非洲小蛤蟆""阿斯拉野猪"之类的单词都有。

以上虽只是戏谑之言,但俞敏洪在英语词汇方面的造诣由此可见一斑。

一个人的成功和天生的资质关系不大。我们在学校学习的时候,班里常常有一些所谓"天才型"同学,这些同学的学习能力非常强,他们懂的东西也比其他同学多得多,学习成绩在班里更是名列前茅。但是几十年过后,他们却未必是最成功的那一位。

天生资质好的人开始时就会领先于他人。由于这种资质,他们能够较轻松地掌握知识、技能,也很容易产生优越感,认为自己即便不努力也会有很好的成绩,很高的成就……久而久之,天生的优势就会被逐渐削弱。

而努力的人却不一样。他们虽然一开始速度会比较慢,效果会比较差,但是由于一天天地积累,学习的结果就会显现出来。

美国作家卡文·库利说过:"世界上没有什么东西可以代替坚持不懈。聪明不能,因为世界上失败的聪明人太多了;天赋也不能,因为没有毅力的天赋只不过是空想;教育也不能,因为世界上到处都可以见到受过高等教育的人半途而废。如今,只有决心和坚持不懈才是万能的。"

俞敏洪说:"我从小时候就有一个特点,喜欢持续不断、长期性地努力。新东方能够做到今天,与我这个个性也是有关系的。我从来不担心别人比我做得更好或是更快,达到别人的成绩我可能要用更长的时间,但我的结果不一定会比别人差。"

成功从来只青睐勤奋的人。有句俗语说得好:"笨鸟先飞早入林。"说的就是这个道理。我们每天多努力一些,也就与成功更靠近一些。

2. 坚持学习新知识,掌握核心竞争力

当前,世界上流行这样一种说法:看一个国家、一个民族是否繁荣、富强,就看这个国家、这个民族的人民文化知识水平。这种说法不无道理。即使一个国家暂时还不够富裕,但只要它有充满智慧的人民,有重视知识的传统,那就可以断言:这个国家是有前途的。而如果一个国家、一个民族目前很富裕,却供养着一群"不学无术"之徒,其结果必然是可悲的,它一定会渐渐地衰落下去。

古时候,风雨雷电等自然现象都被视作神的行为。每逢大旱,老百姓就杀猪宰羊,送上祭坛……磕头求神,听命道士呼风唤雨。在今天看来,这些似乎太愚蠢可笑了,然而这正是没有知识而导致的必然结果。现在我们有了科学知识,有了人工降雨的办法,即使遇上大旱,庄稼照样可以长得很好,"老天"也不能卡我们的脖子了。人定胜天,就是因为人们有了知识。

一个人只有不断填充新知识,才能适应日新月异的现代社会,

不然你就会被那些拥有新知识的人所超越。

曾经有记者问李嘉诚："今天你拥有如此巨大的商业王国,靠的是什么?"李嘉诚回答:"依靠知识。"有人问李嘉诚:"李先生,你成功靠什么?"李嘉诚毫不犹豫地回答:"靠学习,不断地学习。"是的,"不断地学习"就是李嘉诚取得巨大成功的奥秘。

李嘉诚出生在一个书香世家。家学渊源对少年李嘉诚的影响是深刻而久远的,李嘉诚的许多优秀品德就是在这深厚的家学中得到了培养。李嘉诚的曾祖父李鹏万,是清朝甄选的文官八贡之一。李嘉诚的祖父李晓帆是清末的秀才,也属鸿儒饱学之士。李嘉诚的父亲李云经,自幼聪颖好学,15岁时就以优异的成绩考入省立金山中学,毕业时成绩名列全校第一名,由于家境贫寒无力继续求学,只得秉承家训,走上了治学执教之路。

李嘉诚3岁就能咏《三字经》《千家诗》等诗文,正是幼童时代的启蒙读物,使李嘉诚接受了中国传统文化的熏陶。李嘉诚5岁入小学念书,"之乎者也"的读书声与观海寺的诵经声交相混杂,回荡在街头巷尾。年幼的李嘉诚并不满足于先生教授的诗文,极强的求知欲带领他展开了更为广泛的阅读,尤其对那些千古流传的爱国诗篇,他更是沉醉其间,这在少年李嘉诚的心里,深深埋下民族文化和民族精神的根基。李氏家族的古宅,有一间珍藏图书的藏书阁,李嘉诚每天放学回家,便泡在这间藏书阁里,孜孜不倦地阅读诗文,由此他被表兄弟们称为"书虫"。年少的李嘉诚读书非常刻苦自觉,经常点灯夜读。

"我从不间断读新科技、新知识的书籍,不至因为不了解新信息而和时代潮流脱节。"他说。事实证明,他的选择是正确的,也是成功的。而在商场这样一本错综复杂、尔虞我诈的"大书"里,李嘉诚更是学到了别人在书本上根本不能够学到的智慧,获得了无穷无尽的力量。可以这样说,知识就是成就他伟大事业的最有力的"资本"。

英国经济学家哈比森认为:"一个国家如果不能发展人民的技能和知识,就不能发展任何别的东西。"财富专家一再告诫我们:应该通过教育、培训等各种渠道,培养、提升和获得宝贵的人力资本。无数事实表明:"智商虽高,不引不教便成影成泡;潜能即大,会发会掘才变银变金。"

有一句著名的电影台词说得好:"如果你不出来走走,你就会以为这就是世界。当你跳出自我的圈子,从自己狭小的空间里走出来,把眼光放开,你就会发现,其实世界上有很多宝贵的经验都值得我们借鉴。"

王健林认为,企业也是如此,走出去,去学习和借鉴,是一家成功企业必不可少的文化底蕴。

当然,社会的需求也在不断地变化。不能说学什么做什么,而要看到趋势,然后提前学习。现在的优势不代表将来的趋势,现在的流行也不代表将来的趋势,精明的人算得准,聪明的人看得懂,只有高明的人才能看得远。高手下棋也是多看三五步,那么,我们也要多多培养自己的眼光,多向业内的高手学习。要放开胸襟学习,放下身段学习。不跟最好的学习,当然没有办法超越最好的。任何的创新都要先模仿,站在巨人的肩膀上才能看得更远,走得更远。

如何提高学习力呢?

第一,要具备读有字之书的能力,要善于阅读书本。有字之书,是我们平常说的用文字记载的知识。书是人类进步的阶梯,书本上记载着人类丰富的历史经验,认真学习书本知识,可以使我们少走弯路。在阅读有字之书的过程中,能够准确理解所阅读材料的内容,了解其内涵,把握其真谛、精髓、实质,这是提高学习能力的前提。

第二,要具备读无字之书的能力,在实践中学习。无字之书主要指实践。实践是学习的重要内容,也是学习的重要途径。有字之书要读,善于学习前人的经验。无字之书更要读,善于学习今人的经验,一要自觉地向实践学习,自觉了解实践,尊重实践,总结实践,从实践中获得真知。二要自觉地学习他人的经验,善于运用"他山之石以攻玉"。

第三,要在读书的过程中,打造钻进去、跳出来的能力。一方面要专心致志,用功去阅读书本知识,寻求"真知"。学习要切实地深入进去,甘心在浩瀚的知识海洋里徜徉,并能够去伪存真,真正消化吸收,变"他知"为"我知"。要在学习掌握丰富知识的基础上,善于通过外部特征和表面联系,挖掘本质,乃至形成自己的理性认识。另一方面要在了解、读懂的基础上,能够跳出书本,把所学的知识运用到具体的实际工作中去。另外,要善于理论创新。在运用所学知识指导实践的同时,善于做"结合"的应用。运用所学知识不是照抄照搬,须具体问题具体分析,具体把握,灵活运用,并从中不断总结新经验,进行理论创新,形成新的理论,不断丰富知识体系,从而不断使自身的工作得以提高并升华。

第四,边学习边运用。学习运用与运用学习则是最为重要的学习能力。学习以及提高学习能力,重点在于理论与实际的融会贯通,学以致用和用中学习。对于公司来说,要以满足公司最迫切的需求,按照"要什么、学什么、缺什么、补什么"的原则,着眼于新的实践和发展,切实解决本单位、本部门存在的实际问题。这样,才能学得生动、学得深入、学得有效。

其实,早在20世纪90年代,就有这样一个说法:终身学习。那是因为当时的世界变得太快了。现在想想那个时候,几乎是一刹那间,柏林墙倒了,东西方沟通了,要了解和学习的东西一下子堆放到人们面前,所以人们学习的动力被时代激发了起来,空前高涨。同样,21世纪最优秀的能力依然是学习力。谁学得快,谁就占领制高点。

如果一个企业想要少走弯路,少经历失败的痛苦,最有效的办法就是主动走出去学习、借鉴其他企业的经验。中国人素来以"不耻下问"为一种美德,能屈能伸好做人,可高可低大丈夫。一个才高八斗、位高权重、家财万贯的人,假使能不耻下问,主动去学习和借鉴,前面的路则会越走越宽。

3. 责任是坚持的出发点

2002年之前,万达一直从事住宅地产开发项目,对于这个项目王健林并不十分看好,他总是觉得住宅地产不是长久之计。纵观世界各国,王健林发现没有任何一个国家的住宅地产业能昌盛三四十年,况且中国虽然地大物博,但却是人均土地资源最少的一个国家。

王健林是一位非常有危机感的人,这个消息深深触动了他的心弦。那段时间,王健林茶饭不思,总是担心未来的日子怎么过。

俗话说"在其位谋其政",王健林身为万达的掌舵人,手下数千名员工日后的生计是王健林必须思考的一个问题。他曾用最朴实的言语表达了内心深处的情感:"万达进行不下去,我本身倒是无所谓,可是我手下的那些员工怎么办?那些因为信任我而放弃了原本很好的工作前来投奔我的老战友们怎么办?"这位表面看似冷酷无情、做起事来雷厉风行的硬汉在讲出这句话时，竟显得那样地拖泥带水，拿得起放不下了。

为了这些他放不下的兄弟们，王健林冥思苦想，如同一头疯狂的饿狮，四处出击，不放过任何猎食的机会。用他的话说："那时的万达大小通吃，办过电梯制造厂、变电站制造厂，甚至还办过超市。"可就是这样，王健林还是觉得不够安全。于是他召集所有的员工和他一起思考，终于想到了一个收租物业的项目，那时还制定了一个口号："向五百强收租子！"足见当时大家是多么的雄心壮志。理想往往是美好的，现实往往是残酷的。项目刚开始，虽然各个场所都租了出去，可是租金根本收不上来。为此，王健林组织了七八个收租队，每天都浩浩荡荡地出门，丢盔卸甲般地归来。天天要账打官司，王健林简直快要崩溃了。他觉得这样下去不是办法，越是小规模的出租越不容易收到租金，只有租给世界500强那样的大企业才能保证租金的回收。说干就干，王健林卖掉了手里的电梯厂、变电厂、超市，将回笼起来的资金全部投在了商业地产的开发之中。自此，"商业地产"一词开始反反复复地出现在王健林的脑海中。

作为企业主要负责人，企业家要创造效益并为客户、员工、社区和社会担负责任。

创造效益是生存发展的基础，不仅企业本身需要，人类社会进步也需要企业创造越来越好的效益和财富，人类进步与发展只能是在这样一个基础上前行，因此企业家首先是创造效益，既是经济责任又是社会责任，不仅是个人价值、荣誉的体现，更是一批兄弟姐妹跟随着我们前行，不仅生活生存需要，又是自豪、自信的需要，这也是企业家或者是企业主要负责人的存在的价值，没有效益就没有企业，没有效益也就没有企业家，因此无论何时何地，何情何景，什么样的行情,什么样的环境变化,创造出效益是我们义不容辞的责任,当然创造效益又是一个复杂的系统工作,但企业家无论什么时候都不能忘记这个责任。

4. 不要满足于一时的成就

许多人在刚开始创业的时候,都会有一个梦想,并且为了实现这个梦想不辞辛苦,不断努力,奋发图强。然而,一旦取得了一些小成绩,就开始得意忘形,自我陶醉,不思进取;还有一些人是因为知道前方的路更加艰难,既然自己手里已经有了那一点可以炫耀的资本,就止步不前。抱着"守成"的观念,再也不肯为最初的梦想而努力了。

之前王健林在做客《波士堂》节目的时候曾被问道:有没有觉得差不多了,不想再做的时候?

王健林斩钉截铁地答道:没有!王健林认为,他自己是十分幸运的,因为国家实行改革开放,从而产生了民营企业。运气背后,王健林还有一种永不满足的心态,查看万达的现况,2000多亿的资产,1000多亿的收入,而且每年还在以30%、40%的速度飞速增长,既有先进的商业模式,又在不断创新储备更强大的产品,可谓所有的机遇都给到了门口,只要有人肯干,最大的成功也指日可待。

因此,虽然很多企业"大佬"都选择了隐退或是"垂帘听政",王健林依然野心勃勃,"为什么不再干个10年,创立一个世界伟大的组织，成为世界前100名的企业，为中国的企业、为民营企业增光"。

马云说："人永远不要忘记自己第一天创业时的梦想。"如果你放弃了，那么不但会让自己失去成长的机会，有时候，可能还会阻碍其他人前进的道路。因此，眼前的一点成就可以让你暂时的兴奋一下，但切不可为了它而迷失了自己，忘记了你最终的目标是什么。

当年，马云还在教书的时候，他的领导对他说："马云，好好干。再过一年你就会有煤气瓶可以发了，再过两三年你就可能有房子了，再过五年你就能评副教授了。"而马云并没有被这种许诺诱惑。相反，他却从领导身上看到了自己以后的样子——每天骑着自行车，去拿牛奶，买菜。

马云说："我当然不是说这种生活不好，只是希望换一种方式。等到在创业的路上越走越远的时候，我发现自己的梦想越来越大，也越来越现实。每个人都有梦想，梦想未必要很大，但一定要真实。"

马云一直强调，创业者要记住自己最初的梦想，而不要满足于一时的成就。

十年的时间，阿里巴巴从中国杭州最初18名创业者开始成长为在三大洲20个办事处拥有超过5000名员工的公司。但是马云并没有就此满足，他说："全世界最赚钱的机构是什么？是国家。我们的社区实际上就是一个虚拟的巨大的经济体，虚拟的商业王国。我们是这个商业王国的建设者。"

马云要把阿里巴巴建成一个商业王国，而且还不止于此，他要做一个102年的大企业，到那时，阿里巴巴刚好经历了三个世纪。马云不仅要做一个商业王国，还要做一个屹立三个世纪不倒的大企业。

王健林的谜 万达的那套办法

盛大网络创始人陈天桥曾说过这么一段话："当每天收入到100万元的时候，我觉得它是诱惑，它可以让你安逸下来，让你享受下来，让你能够成为一个土皇帝。当时我们只有30岁左右，急需要一个人在边上鞭策。就像唐僧西天取经一样，到了女儿国，有美女有财富，你是停下来还是继续去西天？我们希望有人不断地在边上督促说：你应该继续往你取经的地方去，这才是你的理想。"

作为一个创业者，常常会面对诸多的诱惑，诸多的困难，如何才能克服一切干扰，而持续追逐自己的最初梦想呢？这个时候，就要求创业者要仔细分析和掂量一下坚持梦想的诸般好处。

小小成就虽然也是一种成就，也是自己安身立命的资本，但社会的变化太快，长江后浪推前浪，如果你在原地踏步，社会的潮流就会把你抛在后头，后来之辈也会从后面追赶过去。相比起来，你的"小小成就"在一段时间后根本就不是成就，甚至还有被淘汰的可能。

如果创业者不满足于目前的小小成绩，他就会充实自己，提升自己，将自己的项目做强做大，为社会做出贡献，进而实现自己的人生价值。一个不满足于目前成就的人，就会积极向高峰攀登，就能使自己的潜力得到充分的发挥。比如说，原本只能挑100斤重担的人，因为不断地练习，进而突破极限，挑起120斤甚至150斤的重担。

对于那些永不停息地追求自己梦想的人来说，他们总觉得自己身上还存在某些不完美的因素，因而总是渴望着进一步地改善和提高，他们身上洋溢着旺盛的生命力，从不墨守成规，这使得他们总认为任何东西都有改进的余地。这些人是不会陶醉在已有的成就里的，他们想方设法达到更美好、更充实、更理想的境界，正是在这一次次的进步当中，他们完善着自我，也完善着人生。

远大的理想就像《圣经》中的摩西一样，带领着人类走出蛮荒的沙漠而进入充满希望、生机勃勃的大陆,进入太平盛世。那些满足于现有的生活和被困难吓倒的人,往往就会停止前进,最终无法到达自己梦想的大陆。

无论是一个社会,或者是一个集体或一个组织,我们都不能指望那些满足于一时成就的人会有什么大作为,即使在他们的身体里还有许多的潜能可以挖掘,但这些最终也只会以各种各样的方式白白浪费耗损。

面对一点点的小成就,他们就安之若素,永远只能被眼前的小小成就蒙蔽了眼睛,看不到山外有山,人外有人。也不知道人生还有更多伟大的目标等着去实现。

无论是对于一个企业还是一个人来说,安于现状最终的结果就是逐渐荒废和消亡。只有那些不满足于现状,渴望着点点滴滴的进步,时刻希望攀登上更高层次的人生境界,并愿意为此挖掘自身全部潜能的人,才有希望达到成功的巅峰。

5. 目标要远大,放眼全世界

在通常情况下,我们都认为企业在创业之初,目标是比较狭窄和单一的,先稳定一个市场,然后再慢慢向外延伸。只有当企业具备一定的规模和实力后,才会开始走向全国,甚至走向世界。

但是这种思维模式,在如今这个互联网技术飞速发展、经济全球化日趋明显的时代,已经不再适用了。只有那些在创业之初就具备了放眼全球视野的企业家,才能使他的企业从诞生之日起就具备市场领先者的潜质。

2012年以来,万达便已频频在海外出手。"万达已经把国际化作为一个重要部分,宁可牺牲一点国内的利润空间,也要与国际接轨。如果万达做到超过500亿或1000亿美元收入规模的时候,我不希望它只是一个国内公司,(那时它)应该是一个世界性的品牌公司。"王健林公开表示。

历时近两年的运作,王健林终于兑现了他的诺言——"用一桩跨国并购震惊世界"。2012年5月的一天,万达集团正式宣布,其和全球排名第二的美国AMC影院公司签署并购协议,收购后者全部股权。至此,万达集团同时拥有全球排名第二的AMC院线和亚洲排名第一的万达院线,成为全球规模最大的电影院线运营商。

万达大举进入全美院线,其中相当重要的原因之一就是中国电影希望借助这一渠道打开美国市场。对此,王健林表示,"中国影片一定会走向世界,这是不可逆转的大趋势,进入美国市场是早晚的事,但中国影片很快、大量进入美国市场不现实,需要一个过程。其次,万达集团并购AMC后,进不进中国影片、进什么影片、进多少影片,由AMC管理层根据美国行业规则、市场需求自行决定,万达集团不干涉"。

通过此次跨国收购,万达将拥有全球428家影院,控制5758块屏幕,从而成为全球最大的电影院线运营商,但是王健林的野心还不仅仅止于此。王健林说,今后,万达会根据企业战略和市场机会进一步开展跨国发展。除AMC外,万达还在寻求对欧美等国其他大型院线的并购,万达集团的目标是到2020年,占据全球电影市场约20%的市场份额。

针对跨国发展这步棋,万达的长期战略目标是:巩固亚洲商业地产排名第一的领先优势，力争成为全球商业地产行业的领军企业，最终成为全球持有物业面积最大的商业地产企业，从而实现"国际万达，百年企业"的愿景。而国际万达的定位则是指企业经营规模达到国际级、企业管理达到国际级、企业文化达到国际级。

任何一个工作想要做大都需要有放眼全球的眼光。小孩子画画大家可能都见过，他们通常会把头低低地埋进纸里，然后紧握笔尖，在纸上一笔一画地仔细描绘。他们的眼中只有简单的线条和圆圈，他们对每一个细节都过分地关注，所以再优秀的孩子，作出的画也只能算作初级作品，因为他们看不到整体大局。

而大家作画却是完全不一样了，特别是那些国画大师，手握一支毛笔，气定神闲地站在洋洋铺开的数米宣纸前，身子离得很远，胳膊伸得老长，几笔简简单单的勾勒，就能让一个场景在我们的眼前活灵活现，这便是有大局观的妙处。

阿里巴巴和马云就属于这样的企业和企业家。

从创立阿里巴巴开始，马云就把目标锁定在了国际市场。马云说："我们要打开国际电子商务市场，培育中国国内电子商务市场。"当时互联网的核心技术和核心企业都在西方，能向互联网投资的主流资金也都在西方，所以马云决定利用一切可以找到的机会，首先"搞定"国外市场。

马云既然将未来的公司定位为全球的公司，名字就应该是响亮的、国际化的。马云之所以选择"阿里巴巴"这个名字，就是因为马云希望成为全世界的十大网站之一，也希望全世界只要是商人一定要用我们。为了能有一个国际化的名字，马云其实思索了很久。马云说："我取名字叫阿里巴巴不是为了中国，而是为了全球，我做淘宝，有一天也要打向全球。我们从一开始就不仅仅是为了赚钱,而是为了创建一家全球化的、可以做102年的优秀公司。"

有了适合国际路线的名字之后,阿里巴巴就避开国内市场,直接进军国际了。马云的策略是:办一个市场就像办一个舞会,先把女孩子请进来,再把优秀的男孩子请进来,这样做市场就会变得越来越大。

对于买家和卖家来说买家是女孩子,卖家是男孩子,而办舞会成功的关键就是要能请到优秀的女孩子来参加。于是,为了吸引客户,阿里巴巴都是免费的。同时马云带着团队到处宣传,只为请大家进行交流。

这就是1999年、2000年阿里巴巴的战略,即迅速进入全球化,成为全球电子商务企业。这样,在国内互联网竞争开展的轰轰烈烈的时候,阿里巴巴已经悄悄地在国外进行宣传造势了。为了达到这一目的,马云不断在欧洲和美国做演讲。当时来听的人并不多,最惨的一次,马云在德国组织演讲,一千五百个座位结果只来了三个人,马云虽然也觉得很丢脸,但为了宣传,还是坚持演讲下去了。

马云说:"我们绝对是放眼世界的,真正做到打到全世界去。"时至今日,马云的目标终于实现了,他已经让全世界人见识到了阿里巴巴的神奇,并已经让全世界人知道,阿里巴巴是中国人创办的公司,阿里巴巴是一家让全世界华人骄傲的中国公司。

最初创立阿里巴巴的时候,虽然创业资本很少,但马云却从创业资本中拿出1万美元买回了阿里巴巴的域名。他认准阿里巴巴这个名字可以跨越国界,流行全世界。在建立阿里巴巴电子商务网站时,马云把客户源就定位在了国内和国外两个价值链上:一头是海外买家,一头是中国供应商。从阿里巴巴的机构设置中,就可以感受到它自始至终的国际化战略。他们的口号就是:"避免国内甲A联赛,直接进入世界杯。"

古人云:"不谋万世者,不足谋一时;不谋全局者,不足谋一域。"要想做好一件事情,就要从全局去考虑,如果只谋一域而不谋全局,那么即便暂时能够做好,等到全局溃败的时候,这一域最终还是要失去的。无论做什么事情,我们都要有长远的眼光,而不能只顾眼前。

有一个企业家做演说,他问在场听众:"开车进加油站最想完成什么?"众人都回答说:"加油!"企业家听了摇了摇头,略感失望,于是就有人补充"休息、喝水、上厕所"。这时候,企业家说道:"开车进加油站的人,最想做的,当然是早一点离开,朝着目的地继续他的旅程。"其实,一个人做事当然有具体目的,但也绝对不能将目光聚集在眼前这些琐碎的目标上面。

这是因为,你的目标如果太小、离你太近的话,你就不会在精神或身体方面去积极准备,这种心理就使得你身上的潜能无法得到完全的释放,因此,你无法走很远的旅程。但如果你的目标很大,那么,你在制定了目标之后就会积极地进行心理方面的准备。这样,你的心态就变得异常活跃、积极。你的潜能就会大量释放出来,从而使你有足够的精力向更远的目的地出发。

由此可见,把你的眼光放得远一些,就能够让你的企业走得更远一些。

6. 从宏观思考问题，不做井底之蛙

在如今经济全球化的大背景下，竞争已经成为全球化的竞争，任何企业都要把眼光放远一点，以宏观的角度看世界。作为一个卓越的商界领袖，一定要放眼全球，从大局出发，这样才能够在竞争中胜出。

在奢侈品行业中，最大的奢侈品是奢华酒店管理品牌，其次才是飞机、游艇等。因为奢华酒店不仅投资大，而且品牌可以延续上百年。中国虽然能造出"两弹一星"，但奢华酒店的管理一直没人敢做，五星级酒店也基本都是请外国的管理公司管理。

面对这样严峻的现实，国家旅游局的领导找到王健林说，中国做五星级酒店品牌，希望在万达。其实这件事情，王健林早已成竹在胸。一年有十几家五星级万达酒店开业，万达的实力有目共睹，如果万达都不敢做，中国什么时候才会有自己的奢华酒店管理品牌？王健林表示，万达有责任把这件事做成。

万达下决心做奢华酒店品牌主要基于一个原因：为民族争光，不让后人骂。万达酒店按照目前的发展速度，2015年开业酒店将超过80家，10年后开业酒店将达到200家。已经拥有了这么多的酒店，却还在用别人的品牌，很难不被子孙后代骂无能。况且在这之前也有先例，郭鹤年在做到第二家酒店时，就下决心自己管理，经过40年的磨炼，终于做成世界知名品牌——香格里拉。而中国现在的社会环境和条件，以及中国在世界上的地位，比郭老先生那时强多了。为了不让后人骂，就一定要做好这件事。

王健林说："刚开始可能会遇到一些问题，但是我坚信，只要我们坚定目标，要做有世界影响力的中国奢华酒店品牌，为中国人争气。持之以恒做下去，10年左右，万达酒店管理一定会做成品牌。"

2011年，万达成立酒店管理公司，创造了中国第一个奢华酒店管理品牌。五星级品牌叫嘉华，超五星级品牌叫文华，顶级品牌叫瑞华。

直到2012年年底，万达酒店建设公司新竣工开业12家五星和超五星级酒店，新增客房3678间，五星级酒店总客房数达11678间，酒店管理公司收入28.04亿元，完成计划的100.1%，同比增长76.2%。

2013年，万达宣布以3.2亿英镑（约合4.9亿美元）并购英国圣汐游艇公司，投资近7亿英镑（约合10.8亿美元）在伦敦核心区建设超五星级万达酒店。这也是继并购美国AMC影院公司后，万达国际化战略迈出的又一重要步伐。

被万达并购的圣汐游艇公司是世界顶级奢华游艇品牌，为英国皇室专用品牌；而拟建中的伦敦万达酒店项目则位于旺兹沃斯区黄金地段，建成后将成为"伦敦最好的酒店和城市新地标"。

王健林在接受采访时表示："世界奢华酒店市场一直被外国品牌占据，海外从来见不到中国五星级酒店。万达决定做先行者，改变这种局面。"

他认为，万达旅游酒店产业的国际化，一开始就结缘高端要素，奉行联手国际品牌和打造自主品牌并举，具有开创意义，为中国旅游酒店品牌国际化之路点燃了新希望。

在一只蚂蚁的眼中，一棵小草就是一棵高大的绿树。在小草的眼中，蒲公英是能够自由的飞翔的，而且还能够飞得很远。在井底之蛙的眼中，世界只有井口那么大，永远都只有井口那么大。但是蚂蚁没有错,小草没有错,青蛙也没有错,因为在他们的眼中,世界就是这样的,就只有那一小片天空。

曾经有经济学家这样说:"正确理解政府和市场的关系,不唯市场,也不依赖政府。不能看到市场的好,就是市场那片天,也不能看到政府的作用,就是政府那片天。"不做井底之蛙,简单说就是不能太"褊狭"。

也有人说其实从宏观的角度看,我们每个人都有"井底之蛙"的一面,就某个问题的认识上,我们每个人都常常坐井观天。就像是爱因斯坦说的,你的知识是一个圆圈,里面是你知道的,外面的是你不知道的,结果是你的圈半径越大,你知道得越多,同时你知道你所不知道的范围就越大。其实我们看到的"天空"和真正的天空比起来都只有那么一点点而已。

在1973年爱尔兰加入欧盟之后,曾经有人问爱尔兰的一位官员,加入欧盟对爱尔兰的影响时,这位官员回答最大的影响就是我们的眼睛能够看到更多的地方了。不再局限于紧挨在自己身边的英国,而是放到辽阔的欧洲大陆。

做井底之蛙、去坐井观天并不奇怪,也不可笑。因为这是认识过程中的局限性,每个人都一样。而假如这只蛙故步自封顽固不化,根本不愿意跳出井,那才是真的可笑。许多人每天只局限于自己重复走过的路,做同样的事情,周而复始,而不愿意接受外面更大的舞台。而当有一天,不得不走出去的时候,却往往会发现自己已经无力在外面生存了。

7. 在最困难的时候，永不放弃

王石在《道路与梦想》一书中写道："登山者可能随时都有放弃的念头，我并不是很勇敢，意志也不是很坚强，也曾想到放弃，但终究坚持到最后登顶成功，有时候自己也奇怪，我竟然能上来，然而，正是因为一步步攀登，人才能顺利登顶。生活也是这样，很多事情我们没有再去坚持一下，而成功与失败往往是一念之差。"

和许多杰出的民营企业家一样，王健林也有着职业军人的背景。18年的军旅生涯，锻造出了一个严格自律、永不言败的企业家形象，王健林的军旅生活可以说是他走向成功的垫脚石。

1970年，15岁的王健林来到了部队，当天晚上为了响应毛主席提出的"野营训练好"的口号，每个人背着一个粮袋和背包就去了野外。负重20多斤走1000千米的路程，还要在林海雪原上和积雪抗争，睡觉的时候，需要自己挖出一个雪洞，然后自己进去过一晚，条件异常艰苦。

每天平均要走30千米，甚至三四十千米，走不动的人可以去坐写着"收容车"的汽车，但是这一坐就可能把一年评先进、评好战士的机会坐没了。

又冷又累的情况下，饭量就会增大，王健林常常会觉得吃不饱。当时他的班长看他年纪小又吃不饱饭，就对他说：小王，我教你吃饱饭的招儿，但你首先必须承诺你要坚决保密。王健林同意保密后，班长告诉他，先盛半缸饭，即便吃得再慢，也一定比满缸的人吃得快。吃完后再去盛第二缸，盛满满的一缸，这样就相当于吃了一缸半饭，就肯定能吃饱了。凭着这样一招,王健林在一年的行军路上,基本上吃得饱饭了。

即便吃得饱饭,野营训练依然是难以想象的艰苦。王健林曾亲眼看见一个干部坐在雪地上哭,说不走了,党员不要了,排干部也不要了,就是不走了。可见,能坚持下来的人只占少数。1000多人的团队,走到最后只剩了不到400人,而仅仅十几岁的王健林竟坚持到了最后。王健林说,一路上支撑他的就是一种信念,是母亲的嘱咐,要当好战士,争取超过你的父亲,就是靠着这样的信念和坚持,王健林才能在入伍的第一年就当上五好战士。

经营企业的痛苦和艰难不亚于登山,商业环境比高山环境更加凶险,困难和挫折每一天都在考验着每一个企业家。这个时候,同样需要坚持。

西点军校著名校友、国际银行主席奥姆斯特德说过:"以顽强的毅力和百折不挠的奋斗精神去迎接生活中的各种挑战,你才能免遭淘汰。"

西点军校的录用标准是极其苛刻的,但淘汰机制更加严格。在1999年美国公布的全国大学录取率统计中,西点军校的录取率是11%,与哈佛大学、耶鲁大学、哥伦比亚大学等常春藤高校一起,被列为美国最难考的大学。

尽管西点军校也会接受议员的推荐名单,但即使是议员的推荐名单也有明确的法律规定:每个州10个名额,由2名参议员从该州各推荐5名;每个国会选区5个名额,由该选区选出的众议员从该选区推荐;副总统可从全国范围内挑选5人。如果不超出招生名额,总统可从连续服役8年以上军人的子女中挑选30人。军种部长可从该军种士兵中挑选30人。

但当这些优秀分子进入西点后,还要面对指标清晰的淘汰规定：4个学年结束时总淘汰率要保持在25%左右，也就是说第一年就必须淘汰10%的学员。严苛的全程淘汰制度保证了能够通过4年学业的人，基本上都是能够在艰苦条件下承担重任且绝不轻言放弃的人。

因此，可以说每一个真正的西点人都是马拉松长跑比赛中的胜利者。在西点,学校生活就如同战争生活,训练场就如同战场,西点的学员要经历大量的痛苦和折磨，要与挫折、艰难作大量的抗争。在他们的词典里,不允许出现"放弃"这个词语。

其实，咬牙挺住了,胜利就很可能属于你。一切贵在有恒,只要坚持,再弱小的力量也能创造出意想不到的效果。

第二次世界大战后,功成身退的英国首相丘吉尔应邀在剑桥大学毕业典礼上发表演讲。经过邀请方一番隆重但稍显冗长的介绍之后,丘吉尔大步走上讲台。他两手紧紧抓住讲台,沉默地注视着台下的观众足足有两分钟后,开口说："永远，永远，永远不要放弃！"在一次长长的沉默后,他又一次重复道："永远，永远，不要放弃！"说完后,他再度注视观众片刻,然后才走下讲台。场下的人如醍醐灌顶一般,爆发出雷鸣般的掌声。

这场演讲是丘吉尔最脍炙人口的一次演讲，更是演讲史上的经典之作。丘吉尔用他一生的成功经验告诉人们:成功没有秘诀,如果有的话,也只有两个:第一个是坚持到底,永不放弃；第二个就是当你想放弃的时候,回过头来照着第一个秘诀去做,坚持到底,永不放弃。

在最困难的时候,永不放弃,才有可能收获期盼已久的成功。对于企业管理者来说,如果说企业成功的路上有什么诀窍的话,那就是坚持,再坚持一下。

第四章

笃实至诚,有责任心的企业才能走得更远

1. 良好的信誉使困境变为坦途

古往今来,"诚信"一向被中国人视为修身之本,是待人处事的道德规范。这也是中国传统的管理思想中所重视的"贤能"的一个重要标准。儒家思想强调"民无信不立",宣扬"货真价实,童叟无欺",要求商人要"笃实至诚"。

1991年,万达开发大连市民政街的一个小区,4万平方米,8幢楼。当时国家有国优、省优、市优、优良和合格5个等级,万达则主动要求4家施工单位工程质量全部创市优以上。

但万达很快被告知,施工单位不愿意这么干。后来才知道,因为当时"优质不优价"。按照政府的相关规定,市优产品每平方米的预算只增加2元钱,省优只增加4元。而实际上,创市优每平方米要多投入10元钱的成本,创省优每平方米则要增加20元钱的成本。施工单

位认为,创市优、省优是出力不讨好的事情,谁干谁赔钱。

知道这一情况后,王健林并没有妥协,而是坚持下发文件,决心突破政府规定的框框,只要工程达到市优,决算时万达主动增付10元,达到省优则多付20元。实行"优质优价",从制度上落实讲质量讲诚信。这也调动了施工单位的积极性,最后,民政街小区有6幢达到市优,两幢达到省优并被评为省样板工程。万达创造了全东北第一个住宅工程质量全优小区。

1992年,全国实行"质量万里行"活动,到各地曝光假冒伪劣。本来这次活动是以到各地曝光为主,但是来到大连后,看到民政街小区工程质量全优,竟破例决定奖给万达当年全国唯一一块"优质住宅工程"的奖牌。这个奖牌也被王健林珍藏至今。

这件事情提醒了王健林,自此之后万达便把质量当作自己发展的第一要务。为此万达每两年会召开一次质量工程现场会,干得好的会颁发奖状。

1996年年初,万达集团针对房地产行业质量低劣、面积短缺、欺骗销售的普遍现象,在全国房企中率先提出3项承诺,从而闻名全国:

第一,保证不漏洞。

第二,保证我卖的房子面积不短缺。

第三,自由退款;我们卖房给你,入住60天内觉得不合适,给你退,没有任何限制。

从商品经济发展史来看,无论中外,商品经济越发达,商业精神越旺盛,就越是恪守信用。"无商不奸"这句话并不能反映商业的本质,也不适应市场经济的根本要求。其实,商的本质是信,而不是奸。因为成功的企业家都清醒地认识到:唯诚与信,才会给企业、给企业家带来较高的信誉。

《中庸》有言,"诚于中,形于外",诚信只有坚持落实到企业的一切经营活动中,诚信的理念才能扎实,才能形成真正的自觉行为。

中国人特别崇尚忠诚和信义,因为诚信是为人处世的根本。而"信、智、勇"更是人自立于社会的3个条件。诚信是摆在第一位的。"信"是一个会意字,"人""言"合体。

《说文解字》把信和诚互为解释,信即诚,诚即信。古时候的信息交流没有别的方式,只能凭人带个口信,而传递口信之人必须以实相告,这就是诚或信的本义。"言必信,行必果,诺必诚"是中国人与他人、与社会交往过程中的立身处世之本。中国是靠礼义行事的德治国家,言行靠自律与自省。

在中国古人的观念中,法和刑是同义的,因此遇到问题不是靠打官司去解决,而是靠协商解决,在相互谦让的基础上通过调解达成一致,不希望闹到"扯破脸皮""对簿公堂"的地步。有些受骗上当的人往往在事后采取忍让和不再交往的办法,因为他们对自己的要求并未改变,依然坚持用诚信的态度处世为人。靠道德的约束而忽视法制的作用,在现代社会已被证明是不可行的,然而,"诚信"在法制化的前提下随着社会文明的发展,在人们的相互交往中发挥着越来越大的作用。

假如你要干大事,就要做到诚挚待人、光明坦荡、宽人严己、严守信义。只有这样,才能赢得他人的信赖和支持,从而为事业发展打下良好的基础。

三国时期的诸葛亮四出祁山时,所率兵马只有10多万人,而司马懿却有精兵30万,蜀、魏在祁山对阵,正在这紧急时刻,蜀军有1万人因服役期满,需退役回乡。而离去1万人,会大大影响蜀军的战斗力。服役期满的士兵也忧心忡忡,大战在即,回乡的愿望恐怕要化为泡影。这时,将士们共同向诸葛亮建议:延期服役一个月,待大战结束后再让老兵们还乡。

诸葛亮断然地说:"治国治军必须以信为本。老兵们归心似箭,家中父母妻儿望眼欲穿,我怎能因一时需要而失信于民呢?"说完,诸葛亮下令各部,让服役期满的老兵速速返乡。诸葛亮的命令一下,老兵们几乎不敢相信自己的耳朵,随后一个个热泪盈眶,激动不已,决定不走了。"丞相待我们恩重如山,如今正是用人之际,我们要奋勇杀敌,报答丞相!"老兵们的激情对在役的士兵则是莫大的鼓励。蜀军上下群情激愤,士气高昂,在形势不利的情况下击败了魏军,诸葛亮以信带兵取得了以少胜多的战绩。

人无信不立,良好的信誉会给自己的行动带来意想不到的便利,诚实、守信也是形成强大亲和力的基础,诚实守信的人会使人产生与你交往的愿望,在某种程度上,会消除不利因素带来的障碍,使困境变为坦途。

万通控股董事长冯仑在其著作《野蛮生长》中系统而形象地阐述了人及企业的"3个钱包"。冯仑认为,第一个钱包是现金或资产,第二个钱包是信用,第三个则是心理的钱包。这3种钱包的使用方法分别是:

第一个钱包是现金或资产。这些东西是物化的,可以看到的。比如在银行存了100万元,还有100万元房产、100万元股票,是可以计算的钱包。多数人每天在算的就是这个钱包。

第二个钱包是信用,指的是别人口袋里的钱你能支配多少。比如你给朋友打电话借100万元,结果下午钱就到账了。虽然这个钱在法律上不属于你,但你是能够支配的,这种钱难以度量,它是抽象的、虚位的。在危急的时候,信用钱包富有的人则更容易渡过难关。

第三个是心理的钱包。有人花费了100万元,觉得挺少的,因为他总共有一个亿;有人只有10000元,花了9999元后,心想完了,要破产了。同样一种花钱方式在不同情境、不同心态下,我们对钱的多少的理解是不一样的。在困难的时候,一元钱也可能顶100万元;但是拥有一个亿的时候,就觉得100万元似乎也不是钱了。

因此,要想做好一个企业,就是要守住第一个钱包,放大第二个钱包,调整第三个钱包。守住第一个是根本,放大第二个是为了促进第一个钱包的增长,第三个是调整心理预期和实际的风险控制,让心理钱包保持平衡。

在这其中,第二个钱包是最难管理的,也是最需要加强重视的,信用资产就像是氢气球,可以飞得很高,但也可能很脆弱,一扎就破。越是大企业,越要守护好自己的信用钱包,踏踏实实干实事,安安稳稳赚信用。

所有成功的企业,在创业期间,都会经受关于诚信的考验,必须谨记做好放大第二个钱包的工作。

2. 商人有所为有所不为

明朝巨贾沈万三,将"成为一个伟大的商人"作为自己的高远目标。成功后却又开始穷奢极欲,甚至变相做欺诈生意。这样的不齿手段没有维持多久便被人坑骗遭遇破产。后来靠着顽强打拼再次东山再起后,他清醒地意识到"商人"的真正含义:该赚的钱要赚,不该赚的打死也不能伸手。

任何企业,若想在星罗棋布的同行中立足,最简单的途径就是严把质量关。如果说水是生命之源,那么质量又何尝不是企业的生命呢?企业以质量谋生存,企业靠质量立潮头。

"三项承诺"在全国房地产市场影响非常大,甚至引起一些同行的不满。欢呼声大多来自普通老百姓,而批评声大多是出自行业内人士。不论市场反响如何,既然是正确的事情,王健林就坚持施行。

"三项承诺"首先在长春的一个小区试行,由于制度到位、管理严格,小区的渗漏率非常低,近千套房中只有几套出现渗漏现象。而对于交房60天之内可随意退换的规定,一开始有很多员工担心,如果都来退房怎么办?但事实证明这样的担心是完全没必要的,小区的退房总共不到10套。

试行成功后,万达又将"三项承诺"在所有项目中进行推广。万达这样做和当时社会环境是分不开的:1993年,国家治理整顿;1994—1996年连续3年,房地产行业整体利润为负,很多企业宣告破产。在极度困难的环境里,万达是怎样把市场做大,让企业获得发展的呢?就是靠"三项承诺"这种真功夫打开了市场,获得了竞争优势。到1998年走向全国时,万达在大连市的年销售额接近30亿元,占全市房地产市场份额的1/4左右。

2000年3月,大连市政府专门下发文件,号召大连市建设系统向万达集团学习,市级以上的政府发一份文件号召向一家房地产企业学习,这不仅是当时的唯一一例,即便到现在也无二家。

"我对不重视质量的现象深恶痛绝,老百姓倾尽全部积蓄,举全家或数家之力买一套房子,如果质量低劣,留不是,退不是,很痛苦。

因此一定要建立事前预防体系，事后要严肃处理事故责任人。"当王健林掷地有声地说出这番话的时候，也同样表明了全体万达人对消费者肝胆相照的赤诚之心。

马云说过："在我看来有三种人——生意人，创造钱；商人，有所为，有所不为；企业家，为社会承担责任。"在马云看来，征战商场之人因着目的与所发挥的作用以及价值的不同，可以分为三类。但无论是哪一类，都要有原则、有底线，懂得经营。如此，才不失为一个不论是为自己还是为社会创造价值的有用之人。

前段时间，因为阿里巴巴B2B业务中出现了0.8%的欺诈，CEO卫哲和COO李旭晖因负有领导责任而引咎辞职。阿里巴巴集团董事局主席马云在内部邮件中称："过去的一个多月，我很痛苦，很纠结，很愤怒；对于这样触犯商业诚信原则和公司价值观底线的行为，任何的容忍姑息都是对更多诚信客户、更多诚信阿里人的犯罪！"

马云他用自己的行为坚持了诚信和原则。他用行动告诉我们：诚信是基石，企业家不要为了钱丢了真诚和品格。而且，这种刮骨疗伤的勇气和担当，让更多的人了解阿里，理解阿里，信任阿里。

2006年央视曾有一个节目叫《在路上》，马云曾被邀去做客指点创业者的迷津。他在告诫创业者时说："商业社会其实是个很复杂的社会，能够让自己把握起来就是诚信。"

而这次马云的"忍痛断臂"的事件是捍卫诚信和坚守着良知的表现，他折损了两员大将，可他收获的却是世人对他的信赖。阿里让更多人看到了诚信企业，看到了企业家的良知。

马云在一个电视节目中对主持人说："我们不想做商人，我们只想做一个企业,做一个企业家,因为在我看来,生意人、商人和企业家是有区别的。生意人以钱为本,一切为了赚钱,商人有所为,而有所不为。在企业家看来是影响社会,创造财富,为社会创造价值,影响这个社会。赚钱是一个企业家的基本技能,而不是你的所有技能。"这是一位中国企业家一段宣言式的告白,代表中国企业家的自省与觉悟。

冼冠生是冠生园品牌的创始人,早在1918年就从广东远到上海做粤式茶食、蜜饯、糖果的生意。1925年前后,上海冠生园在天津、杭州、重庆等地开设分店,在武汉、重庆投资设厂。1934年,其生产出的品牌月饼聘请当时影后胡蝶为形象代言人,广告词是"唯中国有此明星,唯冠生园有此月饼",从此,冠生园声名大噪。

在计划经济向商品经济的过渡中,南京冠生园为扭转亏损局势,成立"中外合资南京冠生园食品有限公司"。此后,利润连年递增,累计上缴利税1560万元,由小型企业发展为南京市政府核定的240家大中型企业之一。

直到2001年9月3日,中央电视台报道"南京冠生园大量使用霉变及退回馅料生产月饼"的消息,举国震惊。当年,各地冠以"冠生园"的企业深受连累,减产量均在50%以上。2002年,南京冠生园正式启动破产程序,经过法院的核资清算和最终裁决。一家具有70年历史的知名企业轰然倒地。

爱财本就无可厚非,不是所有人都具备圣人那种"视金钱如粪土"的境界。但是,在竞争越来越激烈的今天,很多人早已摒弃了道义和原则,不择手段地赚取违背良心的黑心钱。先前的"地沟油""瘦肉精""假药"等事件层出不穷,直到后来的"毒奶粉"更是把安全问题推向了风口浪尖：三鹿、南山、雅士利等二十余家有名厂家受到舆论强烈冲击，而"奶界龙头"三鹿更是大势已去、无力回天，其老总田文华更是永远地被钉在道德的耻辱柱上。大家激愤之余不免也感叹——早知今日，何必当初！

其实，很多企业的人力资源管理者的用人理念是"能力差点儿不要紧，品行必须端正"。曾有一位人力资源总监，邀请一位知名市场总监，薪酬给到50多万元。但该人力资源总监对他做了背景调查，得知其离开前任公司的真实原因是经济问题，遂断然拒绝。

犹太人认为，灵魂的纯正是最大的美德，贪占不义之财就会受到神的惩罚，一旦人的灵魂变肮脏了，那么人也就完蛋了。因此，虽然犹太人没有止境地追求财富，但是，他们靠头脑和双手光明正大地获得财富。

因此，君子有所为有所不为，商人亦是如此。在这个处处功利性的时代，"童叟无欺"依然是商家最基本的经营原则。

3. 老实做人，精明做事

万达从创立之初就一直秉承"老实做人，精明做事"的经营理念，企业经营者和员工都一以贯之，这也是万达二十几年来始终走在行业前列，担当风向标的主要原因。

1989年上半年，公司第一次开发项目，开盘前王健林去销售部检查，销售经理向王健林汇报说，主管副总经理之前交代，卖房时每套房子要多算点面积。王健林很不解,问为什么。回答是副总经理说现在市场就这样,很多人都在加,我们还算加得少的,反正也不会有人管。王健林听后一口回绝,立即制止,要求必须按照实际面积老老实实地卖房子。在他看来多算面积的做法就是欺骗。

虽然市场环境一片混乱,骗人的多,被人骗的也多,但企业本身还是要坚持诚信经营。王健林坚持:做生意不能骗人,也不能被人骗。因此他提出了一个口号:老实做人,精明做事。

"老实做人"指的是要自身诚实,靠真功夫发展;"精明做事"指的是要小心谨慎,不被别人骗。

王健林说:"企业的口号不能太长,如果再把社会责任、爱员工什么的全说进去,谁都记不住。万达企业文化的核心理念27年来就8个字,是经过3次提升的。"

"1988年我刚做生意,那时做生意的,你蒙我,我蒙你,也没有什么合同,卖房地产也没有产权证,也没有许可证,那个年代我觉得很奇怪!所以那时,我们的企业文化就8个字——'老实做人,精明做事',咱们不骗人,也不要被别人骗。欧洲有个知名谚语:骗我一次是你的错,骗我两次是我的错,对不对?所以要精明做事。"

老实乃做人之本,精明乃成事之道。老实做人,精明做事,既不做碌碌无为的平庸者,也不做狡猾奸诈的小人,而做一名恪守中庸之道的君子,你才能在人际交往中互利共赢。

老实没有固定的含义,它只能是某种精神的体现。老实也没有固定的形式,它更多的应该是对生命的一种实实在在的解释。老实就如冬日的斜阳、夏日的和风,不论作为人品还是作为德行,都是能打动人的。老实让人信赖,让人踏实,让人熨帖,让人感动。作为朋友,可交;作为同学,可信;作为老师,可敬;作为领导,可从;作为下属,可用。

如果美德分为显性和隐性,那么老实就属于隐性。

老实不是愚钝,虽然很多时候像愚钝。所谓"贵人话语迟","迟"是指对一个人一件事的评价沉着。君子讷于言,尤其在别人蒙羞之际,"讷"的评价保全了别人的面子。老实不一定得到老实的回报,但老实之为老实就在于不图回报,随她(他)去。急功近利的人远离老实。

无论是在工作中,还是在家庭中,老实都是基石。它不图一时一事的小利,而当别人回味过来后却会对其赞赏。处世本无方法,但有超越方法的智慧。不要处处贪图人家的便宜,每件事都要老实地对待,这就是品格。品格可以发光,方法只是工具。老实是经得起考验的高尚品格。

老实人宽厚待人以心换心,拥有好人缘。如果一个人老是爱说瞎话,对待家人和朋友不是以诚相待,那么一旦大家揭穿他的真面目,今后他周围的人又有谁相信他说的、做的是真的呢?这种人不仅不聪明,而且非常庸俗和愚蠢。

做人要老实,才会拥有更多的朋友,但是做事就不可以一味忠厚老实,应该精明、机巧,善于见风转舵、顺势而为,这样才能成事。

4. 敢于负责，严格要求自己

王健林认为：诚信不仅是敢于严格要求自己，还要敢于负责。

2003年，万达在沈阳太原街开发的万达广场，销售出去大约350个商铺。但是由于万达当时刚刚进入商业地产，经验不足，动线规划不当，因此卖出去的商铺人气不旺，经营也出现了问题。

考虑到小业主的利益，万达决定统一包租经营，为此专门聘来大型百货公司的老总，集思广益，一起出主意、想办法。先是尝试给商业街加屋顶、通暖气，解决了冬季寒冷销售滞缓的问题。后又将这些商铺和地下一层连通，实行整体经营，并安装多部电扶梯。工程共花费了几千万元，其间多次更换招商团队，可谓绞尽脑汁，但直到黔驴技穷，局面始终没有根本改观。

勉强经营了3年，2007年时，万达对商业地产的理解更加深刻，集团内部经过反复论证，认为太原街万达广场属于设计失误，是从娘胎带来的毛病，即便后天再努力补救，也是治标不治本，难以逆转，唯一的解决途径就是拆掉重建。有部分不满的业主到法院起诉万达，要求退铺，前后打了几十场官司，但最终都以万达胜诉告终。

换作其他企业，完全有理由置之不理。但万达为了商业地产的长远发展，更为了对投资者负责，还是勇敢地担起了责任，下决心回购重建。

太原街万达广场于2008年拆除重建，2009年竣工后重新开业，开业后生意兴旺。万达销售店铺收入只有6.1亿元，而回购花了10.2亿元，加上重建费用总共损失近15亿元。

这是万达勇于负责、不计任何代价坚持诚信经营的典型事例，值得宣扬。比起海尔经营史上的里程碑——挥锤砸冰箱事件更伟大得多，当时海尔只是砸了几十台冰箱，万达是砸了350个商铺，已然不可同日而语。而且回购重建是在2008年年初，是企业资金十分紧张的时候。万达退赔的时候，很多业主感动得当场哭了。还有几十户业主坚决不肯拿钱，表示只要万达在沈阳推出商铺，他们再买。万达沈阳退铺事件在中国企业诚信历史上可谓空前，是万达诚信文化建设的标志性事件。

由于诚信经营做得好，万达连续多年获得国家部门和行业协会颁发的全国诚信房地产企业称号。2007年，住建部和中房协召开全国房地产企业诚信经营大会，甚至邀请万达专题介绍诚信经营经验。

在法律上都可以置身事外的事情，万达却为了企业信誉和业主的利益，毅然在企业资金十分紧张的时候扛起了责任的大旗，就像王健林所说的：诚信不仅是敢于严格要求自己，还要敢于负责。诚信经营不是空喊口号，是敢于负责让万达赢得了民心，赢得了市场，赢得了商业地产业的最终胜利。

成功人士与民族、种族，甚至性格、心胸、学识都没有必然的联系，在他们身上，只有一个共同点——拥有强烈的责任感。这个结论意味着，如果你想成为一名成功管理者，那么首先要问自己：在任何情况下，你是否都敢于对自己、对企业真正地负责？

一个具有高度责任感，能够在关键时刻挺身而出、勇敢负责的企业家，一定能够得到员工尊重和客户的认可。在企业中，责任心是一名优秀企业家最不能缺少的东西，忠于职守、尽职尽责永远是责任感和人生价值的最佳体现。人生的意义就在于承担一定的责任，而承担责任的大小也就决定了一个人人生意义的大小。只有承担足够多的责任,才能激发你体内的巨大力量,促使你快速成长;也只有勇于承担责任的人,等待他的才会是成功。

5. 财富的本质是用来帮助别人

万达人的乐善好施与王健林的公益精神是分不开的。他曾说过,万达的发展,不光是为自己,更是为社会做贡献,奋斗创造的财富最终要还给社会。

2013年4月19日,在"中华慈善奖"的表彰会议上,经过专家委员会的重重审核和公众的积极投票,王健林获得了"最具爱心捐赠个人"奖,这是他第三次获得中华慈善奖。中华慈善奖是中国慈善事业领域的最高政府奖,自设立以来已颁发8届,王健林7次获奖,万达也是国内唯一7次荣获中华慈善奖的企业。

万达在积累财富数量的同时,更加注重财富的品质,王健林也是全国企业家中最早提出企业必须承担社会责任并积极身体力行的企业家。他常说:财富的本质是用来帮助别人。

2012年,万达在承担企业社会责任方面表现得更加突出,在创造就业、缴纳税收、慈善捐赠、义工服务等方面尤其如此,向社会交出了一份优秀的答卷。其中在慈善捐赠方面,2012年,万达慈善公益事业共捐赠现金3.9亿元,累计现金捐助超过31亿元,是全国捐助最多的民营企业。在义工服务方面,成立于2006年的"万达义工"已累计组织义工活动数千次,参加人次逾20万。2012年,万达集团共组织义工活动761次,60932人次参加。

王健林不仅率先垂范,积极践行慈善公益,而且在万达集团半年总结会或年会上都会号召全体员工多做善事,对行善举的员工进行表彰。在他以身作则的影响下,万达内部形成了浓郁的慈善氛围。

现在,万达集团已形成一个惯例,每到一处开发项目,都会捐建学校,至今已先后在全国捐建了四十几所希望小学和中学。

从2005年开始,在万达,每一名新入党的同志都要资助一名失学儿童,这已成为万达惯例。到目前为止,万达在全国已有70多家子公司,无一例外都成立了义工分站,每个万达员工都成了义工;集团还专门下发文件,要求各地义工每年至少做一次义工,这在全国企业界中并不多见。

而且,员工的善行义举同样被视作业绩,和员工工作表现好、经营业绩好一样会得到集团的提拔重用,集团甚至还制定文件规定了奖励标准。

美国钢铁大王安德鲁·卡内基认为:迄今为止,有三种使用剩余财富的方式:传给家族和子孙,死后捐给公用事业,由财富的主人在生前妥善处理。

第一种最不可取,对子孙和国家都不利。富家子弟没有被惯坏而仍然恪尽社会职责的固然有,但不是常规,不肖子孙是多数。所以与其留给子孙以财富,不如留给他们家族的荣誉。

第二种方式太遥远,而且往往留下的财富并不能按捐赠者的意图使用,只不过成为他心血来潮的一个纪念碑。因为花钱得当与赚钱一样需要高超的才能。最近美英政府都大幅度增加遗产税率,特别是英国开始实行累进税制,这是明智的,是国家对那些自私的百万富翁毫无价值的一生的谴责,今后还应向这一方向发展。一个人死后留下巨大遗产,不论用于怎样的工艺用途,都不如生前就处理。总有一天,公众会给带着巨额财产死去的人刻上这样的墓志铭:"拥巨富而死者以耻辱终。"

最后只剩下一种选择,就是把富人的巨额剩余财产在他们生前通过适当的运作用于造福公众事业。

中国有个成语叫为富不仁,意思是说富有的人都不仁义,仁义钱散出去就不富有了。这句话表明富有和仁义二者不可兼得。但公益,恰恰是把不可兼得的两件事情放在了一起。

作为富人,财富上的"富"很重要,仁义上的"富"同样不可小觑。除了富有人群,普通民众对于公益和慈善事业也是有责任的。现在流行一个词语——正能量,"仁"和"富"都属于正能量。"富"属于个人的正能量,能够积累自己的财富;"仁"是在积累财富的同时做一些有意义的事,就像一句古语所言:莫以善小而不为。

几年前,媒体宣传过一位老人,他叫白芳礼。这位老人从74岁开始做慈善,一直做到90岁,做到他去世前。他靠蹬三轮车维持生计,也用蹬三轮车赚来的钱做慈善,十几年间,他累计捐款35万元。虽然他的捐款和富豪相差甚远,但对于白芳礼老人来说,他的仁富指数超过仁富榜排名第一的富豪。

所以说,并不是非常富足的人才可以做慈善,即使我们不算有钱,只是一个普通人,甚至在我们还很贫困的时候,力所能及地去做一些小事也是慈善。人人皆可富,炫富不如炫仁。

6. 吃亏是福，大方赚钱

王健林经商的个人体会就是不能小气，不能小抠，要大方赚钱。他认为，做生意这行、创业这行，小抠绝对是很难成功的。别人跟你合作一回，就不会和你合作第二回了。算计别人的人，到头来是算计自己，是谓"人算不如天算"。

在这里有一个我们要学习的典范，就是香港富商李嘉诚，李嘉诚曾经对他的儿子李泽楷说：和别人合作，假如你拿七分合理，八分也可以，那么拿六分就够了。

李嘉诚就是告诫儿子，他的主动吃亏可以让更多的人愿意和他合作。

想想看，虽然他只拿了六分，但是多了100个合作人，他现在能拿多少个六分？假如拿八分的话，100个人会变成5个人，结果是亏是赚可想而知。

李嘉诚一生与很多人有过长期或短期的合作，分手的时候，他总愿意自己少分一点，如果生意做得不理想，他什么也不要了，甘愿自己吃亏。这种风度是种气量。

也正是这种风度和气量，才使人乐于和他合作，他也就越做越大，所以李嘉诚的成功更得益于他的恰到好处的处世交友经验。

张达是一个用心经营服装店的店主，在不到两年的时间内，他将自己的一家小店扩展出五家分店，迅速成为当地服装行业的龙头。他做服装生意秉承两个原则：一是"以量制价,物美价廉",二是有着一套较好的互惠模式。如客人A在商店购买到物美价廉的货物后,如果能够介绍客人B购买货物,那么客人A将会得到一张打折卡,客人B介绍客人C,客人B也会得到打折卡,循序渐进地进行,在商店获得利润的同时,客人也会因得到商店给予的利益,激发介绍朋友的欲望,从而促进商店的消费。

张达这种看似吃亏的促销方式,其实巧妙地运用了心理学中的互惠原则：把实惠送给顾客,同时使顾客自发地为自己介绍客户。生活中这种互惠原则随处可见。不怕吃小亏的人才能占大便宜。

生活中总有一些聪明的人,能从吃亏中学到智慧。"主动吃亏"也是一种哲学的思路,其前提有两个：一个是"知足",另一个就是"安分"。"知足"则会对一切都感到满意,对所得到的一切,内心充满感激之情;"安分"则使人从来不奢望那些根本就是不可能得到的或者根本就不存在的东西。所以,表面上看来"吃亏是福"以及"知足""安分"会给人以不思进取之嫌,实际上,这些思想也是在教导人们成为对自己有清醒认识的人。

美国亨利食品加工工业公司总经理亨利·霍金斯先生有一次突然从化验室的报告单上发现,他们生产食品的配方中,起保鲜作用的添加剂有毒,虽然毒性不大,但长期服用对身体有害。如果不用添加剂,则又会影响食品的鲜度。

亨利·霍金斯考虑了一下,他认为应以诚对待顾客,于是他毅然把这一有损销量的事情告诉了每位顾客,随之又向社会宣布,防腐剂有毒,对身体有害。

做出这样的举措之后,他自己承受了很大的压力——食品销路锐减不说，所有从事食品加工的老板都联合起来，用一切手段向他反扑，指责他别有用心，打击别人，抬高自己，他们一起抵制亨利公司的产品，亨利公司一下子跌到了濒临倒闭的边缘。苦苦挣扎了4年之后，亨利的食品加工公司已经倾家荡产，但他的名声却家喻户晓。

这时候，政府站出来支持霍金斯了。亨利公司的产品又成了人们放心满意的热门货。亨利公司在很短时间内便恢复了元气，规模扩大了两倍。亨利食品加工公司一举成了美国食品加工业的"龙头公司"。

吃亏有如此之多的好处，但在现实生活中，能够主动吃亏的人实在太少。这并不仅仅因为人性的弱点——人们很难拒绝摆在面前本来就该你拿的那一份；也不仅仅因为大多数人缺乏高瞻远瞩的战略眼光，不能舍眼前小利而争取长远大利。做人总怕吃亏，总想占便宜，最终吃亏的是自己，因为你丢掉了人们对你的尊重和信赖。

7. 不只为赚钱才能把企业做大

比尔·盖茨曾说："没有财富，我们努力去得到它，是为了证明自己的价值，满足自己的需要。而有了它，我们就应该想办法让它发挥应有的作用。只有带着感恩的心，去利用财富，你才不会被财富所奴役。所以，不论什么时候我们都应该记住，财富只是一个证明，而不应该是我们的主人。"

王健林说："以后人们评价我，觉得我是一个真正的社会企业家，我就很满足了。所谓社会企业家，就是将社会贡献当作自己的第一责任，而且努力去践行这些标准，这是我追求的。西方对企业家最高级的评价就是社会企业家。比如像比尔·盖茨、巴菲特，挣很多钱，但是挣钱的目的最后是捐给社会。"

马云也认为，做生意不能光想着赚钱，他觉得，社会责任一定要融入企业的核心价值体系和商业模式中，才能行之久远。换言之，一个企业的产品和服务必须对社会负责。如果卖的产品和提供的服务对社会有害，不管做得再怎么成功也不行。

还是在刚开始踏入互联网行业的时候，马云就说：饿死也不做游戏。在他看来，如果孩子们都玩游戏的话，国家将来怎么办？而电子商务不同，他可以帮助中国的中小企业建立网上交易平台，并且，还可以解决一部分中国人的就业问题。因此，马云选择了电子商务。

马云坚信，电子商务一定会改变社会，赚钱的游戏是任何社会玩不腻的健康游戏，阿里巴巴的产品和服务必须为中小型企业所喜欢。也正因为如此，马云才公开表示，阿里巴巴有再多的钱也不会投资网络游戏，而在收购雅虎中国后，他更直接砍掉了虽然很赚钱但鱼龙混杂、泥沙俱下的短信业务。

马云曾在阿里巴巴10周年庆典纪念活动时说："第一我们希望为全球1000万家小企业提供一个生存、成长和发展的平台；第二我们希望为全球解决1亿人的就业机会；第三我们希望在全球培育10亿消费者，为他们的消费需求服务。"

可以说，马云最成功的地方，在于他是在企业使命、价值观层面上发挥领导力，而不是简单地带领员工去实现目标、利润。而在马云的感召下,阿里巴巴创业团队同马云一起,致力于打造中国最好的企业。

富有之后造福大家才是我们应该持有的正确的金钱观念和需要谨记的人生信条。对于真正的成功人士来说,挣钱已经不仅仅是一种目标,还是一种心理刺激和人生挑战。当你富有的时候,不要忘记"取之于民,用之于民",积极回报社会。

一个人如果只是为了赚钱而发展自己的事业,就很容易"掉进钱眼里",甚至为了赚钱而丧失自己的良心、不择手段。这样发展起来的事业注定是短命的,三鹿奶粉就是一个最典型的例子。

不可否认,在这个世界上,金钱拥有最多的崇拜者,无数的人为了获得财富而绞尽脑汁!金钱的确让人为之着迷,金钱的确让人心生崇拜。崇尚金钱,是因为当你有了足够的金钱,就可以改善居住条件,改进自己的饮食状况……金钱在生活中的重要性不可否认,所以对金钱的崇尚、追求之心人皆有之,这无可厚非。

但是,崇尚金钱并不意味着你一定要被金钱"牵着鼻子走",崇尚金钱并不意味着一定要为金钱所累。石油大王洛克菲勒说:"我确信,金钱越多越能为我带来幸福,我承认金钱对每一个人的重要意义。但是,我不会因为挣钱而损害其他人的利益,我崇尚金钱,但绝不为金钱所累。"如果我们不能正确地对待金钱和财富,把金钱看得过重,以致沦为金钱的奴仆,则是我们做人的失败。

8. 把社会责任看成是必须承担的义务

优秀的企业不仅在市场上表现优秀，在履行社会责任上也是如此。强烈的社会责任感能够增强企业的影响力，反过来，这种影响力能促进企业在市场上获得更加辉煌的业绩，这是一个"双赢"的做法。

2000年，万达开发的大连雍景台项目成为全国最早的节能住宅之一。当时国家还没有出台建筑节能的相关规定，而万达就已凭借外墙保温技术，并结合建筑和采光设计，使节能率达到了65%。在冬季，大连的气温最低能达到零下十几度，但雍景台的住户则基本不用取暖。

雍景台项目作为节能试点大获成功，4年后，万达又在大连华府项目中推广节能措施，入住几年后，物业发现近50%的住户冬天不买采暖卡，因为采暖是分户计量，这也就表明五成左右的住户冬天无须采暖。

2003年，万达在江西南昌开发了一个百万平方米的万达星城项目，这也是全国房地产企业中首次在长江以南地区大规模使用外墙保温技术，节能效果非常好，"万达新城"也因此被评为江西省的环保节能示范住宅。

同年早些时候，万达还在昆明开发滇池卫城项目，由于项目邻近滇池，万达主动提出要做环境影响评估，这成为全国第一个做环境评估的住宅小区。虽然当时国家并没有该类硬性要求，但万达意识到滇池的污染已经比较严重，不能再给它增加负担，因此不仅做了环境评估，同时小区还自建了污水处理厂和雨水收集工程，从而实现小区污染的零排放。

"从这些看起来，万达不只是捐款，在节能、排污、环保等方面，我们比国家提出口号和标准都要早几年。"王健林说。

"作为全国最早推行节能建筑的企业之一，早在2001年，国家尚未出台建筑节能相关规定时，万达就已有意识地涉入绿建领域。2011年，万达发布了集团节能工作规划纲要，使绿色建筑节能工作进入有计划、有管控的实施阶段。"万达集团高级总裁助理、规划院院长赖建燕介绍说。

自2009年，国家住建部颁布"绿色建筑评价标准"以来，国内大型商业建筑类绿色设计标识及绿色运营标识全部由万达集团收入囊中，万达集团俨然成为业内绿色建筑实践的标杆，坚定地走绿色之路。

2011年，万达有16个万达广场和两个酒店获得绿建认证，自此之后，王健林也要求所有广场和酒店都要通过绿建设计和运营认证。和设计认证比起来，运营认证其实更难获得，但王健林认为，既然有两家酒店能够做到，其他公司也应该能做到。正是这样"优雅的野心"，培养了万达员工的节能理念，也推动万达坚定地走绿色之路。

除了绿色建筑的推广，万达从2013年开始，坚持所有住宅都精装修出售。这不仅是节约多少钱的问题，更是培育全社会节能理念的问题，这种理念不可能一天两天就形成，需要几十年的持续努力、长期积累。

在互联网时代，万达也十分注重信息技术的发展，万达对新建及在建的万达广场都实施了严格的"万达节能标准"，确保绿建节能高标准、高起点。

据相关介绍,万达每年都会安排专项资金进行节能技术的开发和改造,积极采用新技术、新工艺、新材料,不断淘汰高耗能工艺、设备和产品。目前,万达正在建设一键式集中控制系统,系统建成后,近2000万平方米的持有物业将能够实现不同地域、不同时段、不同业态的一键式智能化集中管理,从而节约大量能源。

马云在首尔大学的演讲中说道:如何让中国的经济更好?我们看到今日的环境,有雾霾、水、食品的问题,我们都很沮丧,我们怎样可以做得更好?我相信互联网不只是一个赚钱的工具,而是一个改善社会的工具,是改变人们思考方式的工具。

不仅是马云,俞敏洪也发出倡导:在2013年两会上,俞敏洪给全国政协提交了《政府应出重拳以最严格方式治理水污染》的提案,其中指出"现在有些地方政府以保证GDP发展为名,置环境污染于不顾,以牺牲老百姓生命和幸福为代价,这种做法无异于饮鸩止渴,杀鸡取卵,简直与犯罪无异"。因此,他呼吁"是时候开展一场'全民水资源保卫战'了"。

俞敏洪之所以提出这样一个呼吁,与他的成长经历密切相关。俞敏洪是在山清水秀的环境中长大的,在他童年的时候每一条河流,不论大河小河,随时都可以跳进去游泳,随时都可以捧起河水来喝。俞敏洪说:"口渴的时候,路过一条小河,用手把上面漂的树叶拨开,下面就是碧清的河水,就可以喝,我从小喝到大也没生什么病。"

但是两年前,当他再回到家乡时发现,不要说是河水,连井水都不能喝了,因为井水都是臭的。虽然每家都已经装了自来水,但是生活在这样脏臭的环境中还是不行的。最重要的是,环境问题不仅仅是水的问题,还带来一系列的社会问题。

虽然连续5年来每年两会都有人在提环境污染的提案,但俞敏洪还是坚持要出一份力,他认为,只要多一份力量,政府就会多一分重视。既然当了政协委员,就要履行好责任。这也和俞敏洪对企业的管理主张不谋而合,在新东方如果有一个员工因为某个问题不断给俞敏洪写信,而且不止一个员工写,那么俞敏洪就会高度重视。

除此之外,俞敏洪还主张要"限制企业排污应靠重罚",这缘于第一次他去美国时的经历,他发现马路两边竖着牌子,牌子上写着"从汽车里往外乱扔东西罚款2000美元",金额之大令人唏嘘,在当时2000美元还被看作是天文数字。而如此做法的结果就是美国的马路上没有人扔东西,这就是重罚的功效。

越是成功的企业,越要在社会环境严峻的情况下担当起节能环保的"急先锋",罗马不是一天建成的,节能环保也不是一日之功,稍有松懈,就将酿成大祸。万达深谙这一道理,因此时刻铭记"共创财富、公益社会"的口号,以造福社会、造福更多的民众为最终目标。

在当下,企业社会责任已成为检验企业核心竞争力强弱的标志,拥有社会责任感是企业生存和持续发展的必要条件。一个优秀的企业公民,或称企业社会责任的先行者,应该以社会责任(CSR)战略为自己的社会责任原点。如何制定CSR战略,才能对企业本身、对社会、对环境都有重要意义,往往是一个企业决策者尤为关心的问题。

第五章

创新商业模式,成就核心竞争力

1. 无中想有,敢想别人所未想

想是行动的先导,但凡成就事业的人,都敢于大胆设想,充满激情畅想,脑海里一刻不偷闲地浮想联翩。敢想的人总是喜欢"无中想有",王健林就是这样的人。

从部队转业后,王健林被任命为大连市西岗区政府办公室主任。上班第一天,他就发现,到了中午吃饭时间,同事们就纷纷到外面去吃饭。这让他觉得很奇怪,为什么同事们不去食堂吃饭。后来他才弄清楚,原来单位里根本就没有食堂,所以每到中午,同事们就要去外面饭馆吃饭。

看到这样的情况,他就想,堂堂区政府,为什么不建一个食堂呢?通过进一步了解发现,建食堂并不是难事,难的是通不了煤气。他通过了解得知,通不了煤气是因为区政府有关部门根本就没办理煤气使用手续。他认为,只要按照液化气站的规定去做,办理使用煤气的手续应该不难。经过多方联系，他最终和负责安装煤气的一位工程师联系上了，但是这位工程师得知他是西岗区政府的人后，就不再理他。

接连碰了几次壁，他纳闷，为什么这个工程师一听说是西岗区政府的就摆出一副"无能为力"的架势呢？

原来，在区政府刚刚建立的时候，一位政府办事人员把这位工程师给得罪了。当时，区政府办事人员与这位工程师谈煤气的事，但是工程师手上正忙着其他的事情，在态度上怠慢了区政府办事人员。结果区政府办事人员是个急脾气，居然发起火来，甚至说了一些很难听的话。由此，工程师对西岗区政府有了非常糟糕的印象。

后来，西岗区政府又派其他的办事人员来和这位工程师谈煤气的事，但是来者多是带着"高姿态"而来，工程师也是很有个性的人，所以，双方扯来扯去，始终谈不拢。最后，这位工程师一气之下，拒绝见西岗区政府的人。

在王健林还不知道工程师与西岗区政府这段"恩怨"期间，只要有时间就往这位工程师的单位跑，哪怕对方态度很傲慢，他也笑脸诉说，哪怕对方转身就离开，他也没有放弃。

他费尽周折，终于打听到这位工程师的住址。登门拜访的时候，工程师一见是他，二话不说就关上了门。世上无难事，只怕有心人。三番两次的拜访之后，这位工程师脸上挂着的"寒霜"慢慢融化了，还对王健林解释了为什么自己一见到西岗区政府的人就那样的态度。

就这样，西岗区政府迟迟办不下来的煤气使用手续，让王健林办成了。

王健林来后不久，西岗区政府便有了自己的食堂。在他的精打细算之下,很快人们就知道在西岗区政府有一个花钱少但能吃得好的食堂。其实,这一切的一切,都源于当初王健林"无中想有"的那个念头。

这只是一个开始,从万达的发展中我们就可以看出,"无中想有"一直是王健林的典型特点之一。比如,万达是第一家做旧城改造的公司,万达是第一家实行工程质量奖励制度改革的公司,万达是第一家跨区域发展的公司,万达是第一家开发商业地产的企业,万达率先成立了奢华酒店管理公司。这么多的"第一",都是他"无中想有"的结果。

敢想,能够释放出巨大的潜在力量。要想做成事,没点敢想精神怎么能行。提到创业,有人还没想到要在哪个领域创业,首先就想到了风险,然后在风险面前就什么想法都没有了。这样的人,注定一事无成。

一般来说,风险和时机是成正比的。如果风险小,许多人都会努力追求这种机会;如果风险大,许多人就会望而却步,甚至连想都不敢想。因而,只有少数人能把握住最大、最多的好时机。教师下海、官员下海、文人下海,下海的人不胜枚举,但是只有少数人能在商海中脱颖而出。

市场经济充满竞争,也充满机遇,观念就是效益,思维就是出路。他明白,不论是开发产品,还是拓展市场,如果亦步亦趋、拘泥于旧有的思想,将十分被动,而应该具有"敢想别人所未想"的思维,善于从市场中寻求空当,从信息中捕捉商机,从观察中启迪灵感,敢于以"无中想有"的视角去看待事物,这样才能抢占市场先机,赢得主动,在竞争中获益。

2. 从细节入手,取得有效创新

目前,许多企业的领导在寻求创新时,不管在技术创新还是在管理创新方面,总习惯于贪大求全,却很少有"于细微处见精神"的细心和耐心。无数实践证明,创新往往存在于细节之中。细节是创新之源,要想获得创新,就必须明白"不择细流方以成大海,不拒抔土方以成高山"之理。

1988年年底,王健林注册了大连市西岗住宅开发总公司,自己做起了老板。"在当时,注册房地产开发公司的资金最少要100万元,王健林就跟大连房屋开发公司借了100万元,还要扣除20万元的利息及50%的担保。在当时既没有办公场地,又没有工作人员,有的只是区政府淘汰的双体座农夫车,可谓是赤手空拳打天下。"有一家媒体这样描述道。

公司成立后,没有开发指标,看着要一起吃饭的三十几个弟兄,王健林只得低声下气地去求人。软磨硬泡之下,终于拿到市政府附近的一个棚户区项目,这个棚户区曾被3个市里的大公司先后看中又踢开,都是进去一算账觉得肯定会赔钱就拍拍屁股走人了。

但王健林初生牛犊不怕虎,他高喊"我干"。项目要到了,回到公司一算账,大家都晕了,说人家测算的都是亏损,我们怎么能不亏损?他们测算当时大连市的最高房价每平方米是1000元出头点,王健林说我们卖1500元不就挣钱了,他们说你凭什么卖1500元,卖1000元都不一定有人买!王健林乐观地说那就动脑筋想办法把它忽悠成1500元。

情势所迫,公司创新的萌芽也从此开始。凭什么卖?王健林和团队一起动脑筋搞了4个小小的创新:第一,建了一个明厅。20世纪80年代时的房子都是没有明厅的,进门后就是狭窄的走道,万达别出心裁建了一个大的明厅,并且带有窗户。

第二,做了一个洗手间,大约5平方米,在当时一般人家是不附带卫生间的。按照规定只有县团级以上的住房才可以配备洗手间。万达开了一个先例。

第三,安装了铝合金门窗。当时大多都是木头窗或者钢窗,万达在材料上实现了创新。

第四,安装了防盗门。当时盼盼防盗门刚刚出现,每扇只不过八九十元钱,王健林看中它比木头门稍微结实一点,于是给每家每户都安了防盗门。安上之后,建筑成本每平方米才增加了几十元钱,这也是当时最大的创新。

在当时,这几个看似微小的创新实际上都是非常新鲜的。王健林开动脑筋,打破常规,只是改动了几处小地方,就实现了巨大的突破。

成功者与失败者之间究竟有多大差别?人与人之间在智力和体力上的差异并不是想象中的那么大。很多小事,一个人能做,另外的人也能做,只是做出来的效果不一样,往往是一些细节上的功夫,决定着完成的质量。

在日本零售业界,大名鼎鼎的零售业巨子中内功,最早是从开药店起步的。具有开拓精神的中内功于1957年9月在大阪开设了"主妇之店——大荣",这就是驰名世界的大荣公司的雏形。在经营中,他一反传统的经营惯例,采取"薄利多销,资金快速周转,自助服务,精简人员"的方针",并且制定了"1·7·3"原则,即商店的毛利率为10%，经费率为7%，纯利率为3%。3%的纯利率是相当低的，但由于商品售价低廉，购者甚众，因而使大荣获得很大的发展。

中内功为贯彻和实践"1·7·3"原则，反复摸索低价进货、廉价销售的渠道，坚持靠物美价廉建立自己零售商店的美誉度、知名度，在商品廉价买进、低价卖出的差价中获利。所以，中内功在采购方面狠下功夫。这样一来不仅要熟悉市场，而且还得对顾客和市场进行科学的分析和评估，收集和整理市场信息，及时做出准确决策，有组织、有计划地调配商品。

他的这种经营方式被称为"销售是从采购开始"。大荣实行的是"现金、实价、小报虚价"的公平交易，保证商品优质，贯彻"顾客拿不中意的商品来退货的话，一律退款"的经营原则，因此，采购是尤其重要的一环。首先要保证商品货色，其次进价必须足够低廉。

除积极摸索低价进货的经验之外，中内功还大胆向落后的流通系统挑战，"能够理想地采购到商品，就相当于一半已经卖出去了"，中内功言行一致地做到了这一点。他采取缩短流通渠道的方法，达到低价进货、廉价销售的目的。由于批发商在当时日本流通渠道的中介作用长期处于支配地位，这种落后的旧有渠道有一个明显的缺点：商品往往要经过三四次甚至更多次批发才能进入零售业商店标上价码出售，最终到达消费者手中。且不说商品周转慢，商品价格之高也是可想而知的。大荣则越过层层批发商，直接与厂商联系，直接从厂家批进货物，变"狭长间接"的渠道为"短粗直接"的渠道。

中内功在经营大荣的鼎盛时期，就已同日本5000多家工厂建立了直接的进货关系，现金采购，从而降低了两成左右的成本。大荣高效能的采购网不仅在日本各地大量采购和订制商品，而且把触角伸进世界各地，搞直接进口。美国、德国、英国、菲律宾、新西兰、新加坡和中国都有大荣的工作人员在组织商品进口工作。

大荣的另一个显著特点是自助服务、精简人员。大荣逐渐发展成为无人售货的自选市场,这是降低商品成本的一项成功尝试。20世纪60年代的日本,零售商、批发商和制造厂普遍排斥自选市场,认为自选市场是一种断绝自己生路的经营,因而固守传统的经营方式。中内功却敢于挑战,他认准了自选市场从本质上来说是一种廉价的商店,可以节约可观的费用。因而,在大荣超级市场里,吃的、穿的、用的,顾客可以自由选择,最后到收银处交款。这种顾客自我服务的方式,一改零售店售货员和顾客面对面的服务,不仅为消费者创设了自由、愉快的购物环境,更大大精简了商店工作人员,节省了一笔可观的费用。

中内功在大阪总公司专门设有"消费者服务室",每天收到全国各地的经济信息情报和消费者的意见。由于中内功倾力去研究消费者的心理,适应消费者的需要,因而,循着以顾客为中心的服务宗旨和社会使命感,在数十年的奋斗过程中,终于开辟出了一条成功之道。

在人才培养方面,中内功特别注意依靠人才进行技术革新,将技术革新与体制改革有机地结合起来,取得了显著的效果。他认为,企业面临困难、改组、重建或进行改革时,只要能够保住人才,激发职工的主观能动性和创造性,培养职工热爱公司、热爱商店、热爱工作的感情,并不断努力,就一定能够走出困境。中内功热情鼓励职员大胆尝试,对那些不怕失败、敢于挑战的部下都给予积极的支持。

中内功认为,经营要有创意,不能墨守成规,要积极建立和发展海外零售业,要在阿拉斯加、加拿大、巴拿马、南美、新西兰、澳大利亚、中国等国家或地区设立分店,兼营采购和销售业务,在全世界范围内建立起大荣的采购网和销售网。

中内功还建立商品转运站。比如一些不易运送、保鲜性要求较高的水果,不需运往大阪的总店然后再往各地分店运送,可直接由采购地就近销售。用最新式的机器将集聚的货物迅速分批,就近以最快的速度将商品销售出去。精心设计商品的分配流向方案,设计出最节省、最便捷的流通路线,将商品运往大荣在各地开设的分店。

大荣由一个小商店发展成为经营网络遍布全日本的大超市,使单一的经营方式向商品多样化、复杂化发展。

中内功在日本首创经营没有商标的商品,并经营"大荣"商标的商品,这是大荣实现物美价廉的一种重要手段:无商标产品即酱油、菜油、饮料、果酱、卫生纸等商品,这些产品一样的是优质产品。由于它省略了一大笔包装费及广告宣传费用,所以降低了商品的成本,进而降低了商品售价,这样更好地兼顾了二者的利益。创设"大荣"商标的商品是大荣的又一项重要举措,它的开展使大荣商品售价降低了15%左右。有人曾经形象地比喻大荣是"没有工厂的制造商"。

中内功以其天才的经商资质和勇敢的创新精神使大荣在激烈的市场风云竞争中常盛不衰,并不断增强自己的知名度。20世纪80年代,大荣就已拥有170多个基层店,共有职工计3万余人;另外,还有独立于大荣之外经营大荣商品的200多个自选市场,有职工2万多人,在全国上下形成一个庞大的大荣体系,成为日本著名的商业公司,年销售额突破千兆日元,创造了零售界的奇迹。中内功的这些创举为日本零售业界的现代化做出了前所未有的贡献,从而成为了日本当之无愧的零售业巨子。

我们不难看出,中内功的每一项创新都会给企业带来新的活力和高速增长,而这些创新都不是什么轰轰烈烈的举措,而是对各个环节、各个局部的合理调整。正是这些细节上的不断创新,使大荣公司的机器运转得更有效,产生了更大的利润。

如果说创新是一种"质变",那么这种"质变"经过了"量变"的积累,就自然会达成大的变革和创新。很多事情看似简单却很复杂,看似复杂却很简单。企业的经营,只有重视细节,从细节入手,才能取得有效的创新。

3. 创新的成功在于"赢得市场"

创新是否成功不在于它具有多少科技含量或使用了多么高端的技术,而在于它是否能赢得市场。在现代市场经济条件下,创新更是要以市场为方向,一是要针对顾客需求,二是要提供价值。

创新完成后,该怎么把产品推出去呢?王健林首先想到的还是打广告。但在当时报纸不像现在这样五花八门,只有两份报纸且都是官方的,而且不能做广告。于是王健林转变思路,去跟电视台谈,那时刚刚兴起港台电视剧,王健林便突发奇想在开头放一段广告,中间放一段广告,电视台同意了。就这样,电视剧播出来,全国人民都看到了王健林打的房产广告。

就这几点小小的创新和一点变通的营销,刚刚开工的1000多套房子被一扫而光,而且居然是以每平方米1580元卖出的,实属创造了纪录。因为棚户区虽然很旧,但是地理位置较好,再加上这些颇具吸引力的小创新,很受购房者的喜欢。

棚户区项目赚了一大笔钱,接近1000万元的利润,这在当时是很了不起的。这也是王健林掘到的第一桶金。从这件事情不难得

【王健林的谜 万达的那套办法】

到一个启发：棚户区的改造并没有设想的困难，因为棚户区都位于城市中心，主要是看房产商如何去创造，有时候即便是微小的创新也可以实现重大的突破。

王健林和万达从此就一发而不可收了，开始了大规模的城市改造。万达也成为全中国房地产行业里第一家1988年就进入城市旧改事务的企业，而且闯出了路子来，打破了当时计划指标的说法。

顾客的需求不一定是显性的，而可能是隐性的。他们通常不会自动说出，大多数情况下，顾客只能体会和表达出该产品的不方便之处。作为有创新意识的员工或经理人，就需要转化顾客的不满意，从不满意中找到真正的需求。

英国曼彻斯特小镇上一个住户家中，来了一位中国小伙子。他就是海尔冰箱海外产品经理邵宏伟。他在住户家中一起收拾厨房、准备餐点，更重要的是，与住户讨论关于冰箱的使用情况。

邵宏伟发现，住户家中的冰箱高度比预留的空间高度矮了很多，看上去很不协调。原来该住户为了喝上加冰的啤酒，打算买一台带制冰机的对开门大冰箱。但是市面上的这种大冰箱根本进不了家门，也放不进预留的空间位置。最终，其只能买一台较小的冰箱。他还发现，该住户喝啤酒时只能加冰块，如果想加冰屑就必须用刨冰机把冰块打碎，十分不方便。

根据住户的实际情况，邵宏伟回到国内立刻指导研发。2004年8月，海尔推出了"专为英国用户设计的超薄对开门大冰箱"——它的宽度刚好可以进入英国住户的家中，也能方便制作冰块和冰屑。

这款冰箱一推出，就接到了占当地大容量冰箱40%份额的订单。

该案例就是典型的以市场为方向的创新。邵宏伟将用户的不便转化为深层的需求,针对这种需求,专门开发了新产品。新产品为顾客提供了新的使用价值——更方便、更实用。由此可见,深入地调查和研究人们的期望、习惯及需求是创新的一项重要工作。

那么,如何判断创新是否有市场?

评价一项创新是否有市场,最直接的办法就是询问市场。

例如,向100个人征询其对某创新想法的看法,看看他们是否会对这个想法感兴趣,如果这个想法变成现实的商品,他们是否愿意购买。如果100个人中只有两个人表示感兴趣,那么这个想法也未必就是行不通的。试想一下,2%的比例放到全国甚至全球市场中,将是相当可观的客户量。

另外,做市场调查的时候不仅要注重量也要注重深度。有时候深度调查比大量调查更有效。在调查一个创新想法是否具有市场潜力时,必须找出人们对这一创新真正的看法,然后综合人们提出的不同看法和建议。在作深度调查之前,需要准备好相关问题,带着目的去调查。

调查的结果并不完全来自于数据显示和人们的表述,有价值的结果应该是调查人通过这些数据的分析和人们的看法,经过思考总结,最终得出该创新与市场潜力之间的程度关系。

一款创新产品的成功,是在实施前就已经完整地确定好了产品概念,详尽地评估了目标市场,精美地做好了产品设计,细致地计算了各项利益,甚至在之上还有一个战略导向的一揽子"总体产品计划",从产品组合而不仅仅是单款产品的角度考虑问题,当所有这些在帷幄之中运筹完毕,最后的实施就是决胜千里的把握之仗。

4. 敢于去做不赚钱的买卖

管理大师德鲁克认为:"那些非常引人注目的创新领域,如微型计算机或生物遗传等高科技领域中,企业的失败率非常高,而成功的概率甚至说幸存的概率却似乎相当低。企业家将资源从生产力和产出较低的领域转移到生产力和产出较高的领域,其中必然存在着失败的风险。但是,即使他们只获得勉强的成功,其回报也足以抵消在这一过程中可能遇到的风险。"

万达集团人士透露,2012年万达集团收购AMC时,适逢美国影院行业处于历史低谷,AMC公司业绩持续低迷。大多数市场人士对万达这一"愚蠢"行为扼腕叹息,认为万达收购一个"夕阳产业"是在做一桩赔钱的生意。王健林凭借其独到的眼光和果敢魄力,拍板了收购决定。在完成收购后,万达集团通过持续性资本投入改善了AMC的债务结构、推行了全新、高效的管理层激励机制,并大力支持管理层进行一系列以增强顾客体验为中心的业务创新。此外,AMC还通过在影院内配置头等舱式座椅、影院内餐厅等措施成功实施了差异化策略,再次领先竞争对手并有效实现了业绩的大幅改善,最终使AMC这家百年老店重新焕发生机。仅仅一年多后,AMC就实现了扭亏为盈,并且令人大跌眼镜的是,AMC不光赚钱了,竟然还赚了一倍。

改革创新是一种探索性的实践,前方之途,充满机遇,但也布满荆棘,充满坎坷。任何创新,本身就意味着从无到有、从小到大、从简单到复杂,挫折、失败、风险和不确定性是必然的。对改革创新者而言,创新需要勇气、胆识和毅力。

世界"假日酒店之父"威尔逊在创业初期,全部家当是一台价值50美元分期付款"赊"来的爆米花机。第一次世界大战结束后,威尔逊便决定从事地皮生意。当时干这一行的人很少,因为战争,致使很多人都很穷,因而买地皮修房子、建商店、盖厂房的人并不多,地皮的价格一直都很低。

威尔逊的一些朋友听说他要干这种不赚钱的买卖,都好心劝阻。但是富于冒险精神的威尔逊却坚持己见。他认为,虽然战争使美国的经济衰退,但美国是战胜国,经济很快就会复苏,地皮的价格一定会上涨,赚钱是肯定的。

当时,在市郊有一块很大的地皮,由于地势低洼,既不适宜耕种,也不适宜盖房子,所以一直无人问津,然而威尔逊却用自己的全部资金再加一部分贷款买下了这块地。

威尔逊的这一行为,连很少过问生意的母亲和妻子都站出来反对。可是威尔逊却始终坚持己见,相信这块地皮一定会成为"黄金宝地"。

事实证明,正如威尔逊所料,三年后,城市人口剧增,市区迅速发展,马路一直修到了威尔逊买的那块地的边上。去到那里的人们突然发现,那里风景迷人,宽阔的密西西比河从它的旁边蜿蜒而过,河的两岸,杨柳成荫,真是消夏避暑的好去处。于是,这块地皮身价倍增。商人们争相出高价购买,但威尔逊并不急于脱手。

威尔逊很清楚这块地皮的身价,不过他看得更远一些。这么好的地方,必将吸引越来越多的游客前来,如果自己在这里开个酒店,岂不是更赚钱?于是,威尔逊毅然决定筹集资金开酒店。不久,威尔逊便盖起了一座"假日酒店"。由于地理位置好、舒适方便,酒店开业后,游客盈门,生意兴隆。从此以后,威尔逊的假日酒店便像雨后春笋般出现在美国与世界的其他地方,这位高瞻远瞩的冒险家获得了巨大的成功。

就像"幸福的家庭都是相似的,不幸福的家庭各有各的不幸"一样,成功的人都是相似的,不成功的人各有各的不幸。王健林的成功和威尔逊何其相似,他们都是高明的棋手,能看出后面的五六步甚至更多。胆大、心细、有远见,这样做出的决策才可能切合市场发展的需要,达到决胜于千里的目的。

5. 给创新设立简单明了的目标

创新既是概念性的又是感性的。换言之,既要观察数字,也要和人们交谈,听取消费者的反馈,在实践中对创意进行验证。

日常工作中设定目标的SMART原则,对创新同样适用。

SMART原则一:S(Specific)——明确性

用明确的言语表述创新目标,让人们可以清晰地记住、重复该目标。

SMART原则二:M(Measurable)——衡量性

创新目标是可衡量的,依据数据或其他结果,可以看到通过创新要创造多少具体的利润,提高多少具体的效率。

SMART原则三：A（Attainable）——可实现性

创新目标要求结果是可以实现的。一方面它具备一定的难度，不是轻易就可以实现的，这可以激发人们付出更多的努力；另一方面它不是绝对无法实现的，避免人们丧失信心。创新目标是人们通过较大的努力并最终可以实现的目标。

SMART原则四：R（Relevant）——相关性

创新目标必须与组织目标息息相关。创新的根本目的是为组织赢取更多的利益，它的一切目标都需要以组织目标为大方向。与组织无关的创新，是毫无意义的创新。

SMART原则五：T（Timebased）——时限性

给创新目标确定明确的时限，在多长时期内完成该目标。有了时限性，目标的实现就有一定的紧迫感，让人们在有限的时间内，通力合作，寻找一切尽可能快的办法。

那么，又如何让创新做到简单明了呢？我们来看看王健林是怎么做的。

2000年宏观形势一片大好，住宅地产正做得如火如荼之际，王健林力排众议转攻商业地产；2005年当商业地产做得如日中天、赚得盆满钵满之时，王健林又别出心裁转型文化产业；2008年则开始抢夺旅游投资这块蛋糕。

万达是具有创新传统的企业，企业发展得好，根本原因就在于敢闯敢干的创新精神，不惧当先烈，只为争先进。2012年，万达实现了重大创新，历经多年研发，两大产品横空出世。

第一个产品是大连金石文化区。全世界有众多的影视基地，但绝大多数只有外景地和制作区这两项内容；而中国国内的一些知名项目，要么只有外景地，要么只有制作区，缺少综合性。

金石文化区将历时4年研发,成为全球首创的将影视外景地、影视制作区、影视体验区、影视会展区以及旅游、商业、酒店群相融合的影视基地。影视外景区、制作区除专业人员使用外,还贴心地允许游客参观;在影视体验区游客除了可以体验影片的拍摄过程外,还有专业导演指导拍摄微电影,可以现场当一回"大明星";每年的大连国际电影节则在影视会展区举行。

大连金石文化区占地550万平方米,文化旅游项目投资近300亿元,于2013年全面开工,力争2016年、确保2017年建成。这个项目一旦建成,相信必然会在世界范围内引起轰动,成为全球影视产业的一大文化中心。

第二个野心之作是万达城项目。考虑到中国的气候特点,北方冬天寒冷干燥,南方夏天炎热多雨,除了三亚、西双版纳等少数地方外,四季都适合户外活动的地方少之又少。因此,万达城创新性地将文化、商业和旅游结合设计,以室内项目为主,将彻底排除气候对于旅游的影响,使传统的"一季游"变为"四季游"。

这两个项目的研发成功,标志着万达创新又跃上了新高度。

第一,万达的创新水平将达到世界先进水平:概念设计世界唯一、设计团队大师组合、万达拥有知识产权。

第二,万达的资源整合能力将达到世界水平。这两个"雄心之作"都复杂异常、困难重重,且要求对舞台演艺、电影科技、室内室外游乐、名人蜡像馆、商业品牌、酒店品牌等各种资源要素进行整合。项目的占地面积也很大,且大多位于郊区,基础设施匮乏,有些项目甚至需要万达亲自做道路、铺管网等。这一切不只是纸上谈兵,还能真正有效落实下去,除万达外,世界上只有少数企业能够做到,这也说明万达的资源整合能力已达到世界水准。

第三,万达人才达到世界水平。人才是创新的根本。万达与一批世界级大师签订了排他性协议，在未来若干年里这些人只会与万达合作。例如马克·菲舍尔先生，是世界著名的建筑和艺术领域的跨界大师，曾担任北京奥运会、广州亚运会、伦敦奥运会开闭幕式的艺术导演；高顿·多瑞特先生，是全球排名第一的主题公园设计公司的创始人兼首席执行官；弗兰克·德贡先生，是世界舞台艺术导演第一人。

万达招聘的人才也无不呈现出世界级的水准，在万达文化旅游规划院的员工中，既有拿过奥斯卡最佳视觉效果奖的动漫师，也有来自世界唯一演艺特种设备公司的设备总监。世界优秀人才的友好助阵，预示着万达今后的创新之路会走得更加平坦、宽阔。

成功的创新是"简单明了"并且"目标明确"。王健林曾说过："创新者大部分成为先烈，少部分成为先进，但正是因为有成功者的可能性，激励着后来人不断去攀登、不断去创新，希望成为那个极少数的成功者。"

6. 创新也可以是流程再造

"商业模式创新是最具竞争力的。"王健林认为，不管是技术层面的创新、管理方式的创新还是营销方式的创新，都不如商业模式创新更重要。

在王健林看来，商业模式创新并不是做前人从未做过的事情。即使是在传统产业，通过进行商业流程的再造，也会产生无穷的放大效应，从而形成核心竞争力。比如，当其他企业都在卖担担面时，

> 王健林的谜　万达的那套办法

如果能够通过连锁的方式，像麦当劳那样，对面条生产加工企业进行流程再造，做大企业的规模，做响产品的品牌，也是创造了新的商业模式。

位于上海市东北角五角场的万达广场，每日的客流高达10万人次。万达广场是城市综合体的典型样本，将来万达集团（下称"万达"）要在全国范围内布局这样的商业地产项目。

商业地产只是万达的五大产业之一。目前，万达已经形成商业地产、高级酒店、文化产业、连锁百货、旅游度假的五大产业。创立于1988年的万达，从50万元注册资本起家，经过20多年的努力，发展成为年销售额超过1000亿元的大型企业，可谓是以加速度发展。

如果用一句话来概括万达的发展，大连万达董事长王健林总结说："那就是创新商业模式。"其创新的特点是，每次领先一小步，累积一起成为大优势，这也形成了万达的核心竞争力。

"商业模式创新是最具竞争力的。"王健林认为，不管是技术层面的创新、管理方式的创新还是营销方式的创新，都不如商业模式创新更重要。

创新是万达点滴累积起来的竞争力。王健林还记得，万达的第一次创新，不仅为自己赚到了第一桶金，同时也赢得了政府的信任、闯出了万达今后发展的道路。

在1988年成立之初，面对其他企业都认为只会赔钱的城乡旧区改造项目，万达通过产品的几项大的创新，使得该项目比当时大连市最高的房价还要高出500元/平方米。"这说明，只要敢于创新，敢于冒险，一定有发展机会。"王健林说。

从创业发展到今天，万达成为全国房地产企业中跨区域发展城市最多的企业。在近60座城市，几乎所有的省会、计划单列市都有万达的项目。然而20世纪90年代初期，没有一家房地产公司跨区域发展。1998年，万达开始了全国扩张，成为中国房地产行业中第一家跨区域发展的企业。"跨区域发展战略是万达的另一次创新。现在万达取得的这一切，都来源于当时走出去的正确战略。"王健林认为。

当企业发展了十多年，积累了大量的资产，也与外国企业合资成立了电气公司等时，王健林敏锐地发现，合资企业都是靠国外的技术，住宅房地产业也面临较大的行业风险。如何能够使得万达经营得更加稳健、经得起更大的市场大潮的击打？

2000年，王健林下定决心，利用房地产黄金时期对万达进行转型，进军商业地产领域。当年就在长春投资建成第一个万达广场。经过5年的摸索，万达逐渐掌握了商业地产的营运经验，从2005年开始，通过在北京、上海、南京等地发展"城市综合体"，万达驶入了高速发展的通道。"所以说，商业模式的先进、商业流程的再造，是企业赢利的最核心。"王健林说。

7. 把风险控制放到首位

当然，创新的道路也非一帆风顺。最初涉足商业地产时，万达只是将在住宅地产方面的经验进行简单平移，即由卖住宅变为卖商铺。然而，由于购买商业地产的人，大多追求的是高额回报，使得租金过高，经营商家承担不了，从而产生了一系列问题。万达经过深入分析和研究，逐步摸索出商业地产的独特模式。最近几年，万达创新建设的城市综合体,便受到了各地政府的大力推崇。

发展迅速的万达,今年上半年实现收入618.2亿元,同比增长69.7%。然而,快速扩张也给万达带来了两个基本问题:资金的风险、管理的风险。总结万达20多年始终保持"匀速抛物线"发展轨迹,基本没有摔过大跟头的原因,王健林认为,"重要就在于把风险控制放到首位。"

建立风险控制制度,是万达从其外方合作伙伴——世界著名的麦瑞房地产基金学到的本领。在学习借鉴麦瑞项目评估体系的基础上,万达形成了具有自身特色的万达发展项目问题清单。在万达所有的项目中,都必须执行的一项风险控制程序,就是对当地政府和企业提出100多个问题的清单,并要求必须用数据支持回答,然后通过规划模型,成本控制系统进行专业核算,经过决策委员会审核,最后由董事长批准。在此基础上,再与当地政府谈判签署目标决策文件购买土地。另外,万达还建立了严苛的财务制度,健全的内部审计制度,要求对所有公司每年审计一次,并设立了网上举报电话。通过上述措施,尽管每年万达的现金流量都非常大,但从来没有出现过一起财务事故。

虽然经历了四次房地产调控,万达的发展依然快速、稳健。在王健林看来,这要归功于万达把现金流作为企业的第一生命线,时时刻刻予以关注和重视。"销售为首,现金为王;现金流比负债率更重要。"王健林说。从每年的9月1日开始,万达就要对第二年设定资金计划。万达最重视的有三张表:第二年项目发展表、成本控制表、现金流量表。此外,万达还建立了自己的研究机构,重点研究分析国家的宏观经济形势,这就避免了万达对大趋势的判断发生根本性的错误。

随着业务的不断拓展,万达的人员团队数量也在不断增加。当企业发展到一定规模,在企业管理机制和管理职能等方面,很容易染上"大企业病",滋生阻滞企业继续发展的种种危机。

而支持万达巨人持续健康发展的经验,在于"有了规章制度后,加上信息科技的发达,使我们看到一个希望,就是靠科技手段实现对企业的管控"。王健林说,万达在2006年开始投资信息系统,至今已投入十几亿元资金。到2008年,万达建立了全国第一套企业的全业务流信息管理系统。

王健林表示,不同于现在很多企业的信息孤岛,或只有财务系统、销售系统,万达所有的业务系统都可以在线运作。信息科技同样支撑着企业的风险控制系统。

除了地产行业,近年来万达的现代服务业收入也增长迅速。今年上半年,万达连锁百货收入同比增长200%,酒店公司收入同比增长100.8%,商业管理公司租金收入同比增长85.8%。

文化服务业也是万达商业地产经过多年的创新和发展,形成的新的创新赢利增长点之一。比如,商业中心的电影院,由于当时中国并没有跨区域发展的院线公司,万达便自己建设电影院,结果万达电影院成为了亚洲第一的电影院。

2005年的万达,规模已经发展到一定程度。此时,王健林开始思考如何对万达进行转型升级,以主动适应国家经济结构调整,实现万达的持续、稳定、健康发展。最终是决定向文化服务行业进军。

如今,万达已经连续四年成为中国文化领域投资最大的企业。王健林认为,首先,文化行业是没有天花板的行业,有着无限的想象空间。其次,文化是社会和企业经济发展的最高形态,所有的产品最后都要通过文化来表现。最后,文化产品最具有穿透力和影响力。一部好的文化作品,可以影响几十年、上百年。他认为,人生追求的最高境界是精神追求,企业经营的最高层次是经营文化。

"很多人觉得文化投资不一定赚钱,其实只要运营得当,创新经营模式,赢利一定可观。万达希望成为中国企业、特别是中国民营企业中,在世界文化品牌上最强有力的创造者。"王健林说。现在,万达集团现代服务业的发展速度,已经超过了房地产业务,预计5年内,现代服务业将成为万达集团的核心支柱产业。

对于万达的未来规划,王健林希望万达能够发展成为世界级的一流企业,2012年进入世界500强。他说,"万达的定位和参照系数就是世界第一。"自从事商业地产以来,万达已经有四个行业做到了亚洲第一:商业地产、酒店、电影院线和旅游度假。在王健林的计划中,最多八五年时间,除了连锁百货外,万达其他所有的产业都能做到世界第一或前三。

8. 万达文化产业的独特之处

王健林在"推进上海文化产业发展"系列讲座的首场演讲中,以"万达的文化产业"为主题,从万达为何要做文化产业、万达文化产业的内容、万达文化产业特点以及万达文化产业的前景四个方面详解万达的文化产业版,提到了万达文化产业的独特之处。

(1)多种要素组合。万达做文化产业,绝不简单就文化研究文化,就旅游研究旅游,万达打的是组合拳,要素组合越多,规模越大,威力越强。万达文旅项目把科技、文化、旅游、商业要素集成,做文旅商综合体。如武汉中央文化区,这是中国城市中第一个叫中央文化区的项目,里面搞了10个文化项目,包括全球首个电影科技乐园和汉秀两个重大文化项目。武汉中央文化区中央有一条连通沙湖和东湖的楚河,沿河是汉街商业步行街,汉街中央有汉街万达广场;另外还有一个五星、一个超五星、一个顶级酒店,100多万平方米的写字楼和百万平方米的住宅。长白山国际度假区是万达第一个开业的文旅项目,有亚洲最大的滑雪场,43条雪道总长达几十千米,有3个世界顶级的高尔夫球场,酒店区有9个酒店5000个床位,还有900米长的一条商业步行街,里面有一百多个商家,餐饮、酒吧、电影院、卡拉OK、舞台演艺、温泉等应有尽有。

(2)科技含量极高。万达文化产业最突出的特征是科技含量高。比如万达在青岛做的"汽车极限秀",就是一个完全创新的高科技含量项目。这个项目经过多年研发,现已开工,2017年上半年全球公演。汽车极限秀和汉秀不同,汉秀注重文化味,汽车极限秀体现惊险刺激,秀场里有一条环形轨道,各种电动汽车以120千米的时速在上面玩各种动作,而且和舞台节目结合在一起,让人惊心动魄。万达的"秀"不追求挑战人体极限,因为演员难以培养,而且生命周期短,岁数一大就不能演。万达主要在科技设备上动脑筋,汉秀有几十台设备,仅水下设备就有14台,科技含量高,效果更炫。

(3)整合全球资源。文化产业是创意产业,最重要的是创意和人才,只有全球整合资源,才能有世界级创新。比如汉秀,建筑和舞台设备创意来自马克·菲舍尔先生,他是世界顶尖的建筑和艺术双栖大师,北京奥运会、广州亚运会、伦敦奥运会开闭幕式艺术导演;节目则由弗兰克·德贡先生创意导演,他是世界数一数二的舞台艺术大师,拉斯维加斯"O秀""梦秀",澳门"水舞间"都是他导演。万达文化旅游规划院有300多人,一半是外籍,其中不乏全球行业顶尖高手,特别是首席主题公园包装师、首席剧场设计师、首席电影特效师等六位首席都是世界行业大腕。这些顶尖人才,很难自己培养,万达就用高薪把他们挖过来;如果实在不愿意进入公司,万达就与他们公司签订排他合作协议或者买断他们的知识产权。

(4)突出中国元素。万达把文化旅游作为今后的主要发展方向,既然作为主业发展,就必须体现中国文化,绝不能照搬照套外国的东西。比如汉秀,建筑是中国传统的红灯笼造型;里面节目叫汉秀,"汉"往大说是汉族、往远说是楚汉、往近说是武汉。故事也是中国故事。万达要在全国建很多主题公园,各地主题公园的设计都结合当地特色文化,如果千篇一律,人们就不愿再到万达其他地方玩。比如西双版纳主题公园设计了热带雨林、茶马古道、蝴蝶王国、水上乐园等几个园区,都具有浓郁的地方特色。万达还要求所有主题公园都要有几个全球独一无二的大件游乐设备。为此,万达与全世界主题公园设备做得最好的两家公司都达成协议,对重要设备进行定制,自己拥有知识产权,保证别人不能模仿。

万达文化项目突出中国元素、体现地方特色、设备独家定制的优势在今后的运营中会逐渐体现出来。无锡万达城项目开工时,万达宣布要跟上海迪士尼PK,我们有把握在入园人次、经营收入两项核心指标上超过上海迪士尼。因为迪士尼只是一个主题公园,模式几十年没变过。而无锡万达城不仅有室外主题公园,还有巨大的室内万达茂,里面有众多游乐项目;以及大型舞台秀、酒店群、酒吧街等,这些内容综合在一起,更有吸引力,游客人次、收入自然会上来。无锡万达城位于长三角中心,地理位置十分优越,而且万达具有全国营销能力,正在全国收购旅行社,建立完善旅游产业链,将来可为万达文旅项目输送大量游客。

(5)自主知识产权。万达文化产业项目强调自己创作、自己制造。如果自己做不了,就要求委托设计并买断知识产权。我曾在美国迪士尼看过一个真人表演和3D结合的节目,软件公司和迪士尼的合作采用分成模式。但这种方式万达不能接受,万达做文化产业是连锁发展,一个一个谈合作分成不仅麻烦,而且受制于人。为了规模发展,万达宁愿多花钱,也要获得自主知识产权。为购买青岛汽车极限秀知识产权,万达花了1000万美元。汉秀的移动LED,菲舍尔先生刚开始提出创意时,很多人都说做不到,但我们没放弃,在解放军总装备部机械院的支持下,经过无数次修改、试验,终于获得成功。现在设备已安装,每一个有两百吨重,可以多角度、多方向自由移动组合,使舞台背景无穷变化,给节目导演提供更大的创作空间。

第六章

情商是决定命运的重要因素

1. 认识情商

王健林认为:"在现代生活当中,越来越证明智商在人的成功中占的分量越来越低,主要是情商决定成功。各行各业成功的人绝不是读书最好或智商最高,是情商最高。"

什么是情商呢?

情商是测定和描述人的"情绪情感"的一种指标。它具体包括情绪的自控性、人际关系的处理能力、挫折的承受力、自我的了解程度以及对他人的理解与宽容。

情商为人们开辟了一条事业成功的新途径,它使人们摆脱了过去只讲智商所造成的无可奈何的宿命论态度。因为智商的后天可塑性是极小的,而情商的后天可塑性是很高的,个人完全可以通过自身的努力成为一个情商高手,到达成功的彼岸。

人类智能研究的最新成果表明,最精确、最惊人的成就主题标准是情商(EQ),情商高的人在人生各个领域都占尽优势,情商是决定一个人命运的重要因素。

20世纪70年代中期,美国某保险公司曾雇用了5000名推销员,并对他们进行了职业培训,每名推销员的培训费用高达3万美元。谁知雇用后第一年就有一半人辞职,4年后这批人只剩下不到1/5。

原因是,在推销保险的过程中,推销员得一次又一次地面对被拒之门外的窘境,许多人在遭受多次拒绝后,便失去了继续从事这项工作的耐心和勇气了。

那些善于将每一次拒绝都当作挑战而不是挫折的人,是否更有可能成为成功的推销员呢?该公司向宾夕法尼亚大学心理学教授马丁·塞里格曼讨教,希望他能为公司的招聘工作提供帮助。

塞里格曼教授以提出"成功中乐观情绪的重要性"理论而闻名,他认为,当乐观主义者失败时,他们会将失败归结于某些他们可以改变的事情,而不是某些固定的、他们无法克服的困难,因此,他们会努力去改变现状,争取成功。

在接受该保险公司的邀请之后,塞里格曼对1.5万名新员工进行了两次测试,一次是该公司常规的以智商测验为主的甄别测试,另一次是塞里格曼自己设计的,用于测试被测者乐观程度的测试。之后,塞里格曼对这些新员工进行了跟踪研究。

在这些新员工当中,有一组人没有通过甄别测试,但在乐观测试中,他们却取得"超级乐观主义者"的成绩。

跟踪研究的结果表明,这一组人在所有人中工作任务完成得最好。第一年,他们的推销业绩比"一般悲观主义者"高出21%,第二年高出57%。从此,通过塞里格曼的"乐观测试"便成了该公司录用推销员的一道必不可少的程序。

塞里格曼的"乐观测试"实际上就是情商测验的一个雏形,它在保险公司中取得的成功在一定程度上直接证明,与情绪有关的个人素质,在预测一类人能否成功中起着重要作用,也为"情感智商"这一概念和理论的诞生,提供了实践上的有力支持。

简单来说,情感智商是自我管理情绪的能力。和智商一样,情商(Emotional Quotient, EQ)是一个抽象的概念,EQ情绪商数是一个度量情绪能力的指标。

丹尼尔·戈尔曼(哈佛大学心理学博士)在他的书中明确指出,情商不同于智商,它不是天生注定的,而是由下列5种可以学习的能力组成。

(1)了解自己情绪的能力。能立刻察觉自己的情绪,了解情绪产生的原因。

(2)控制自己情绪的能力。能够安抚自己,摆脱强烈的焦虑忧郁以及控制刺激情绪的根源。

(3)激励自己的能力。能够整顿情绪,让自己朝着一定的目标努力,增强注意力与创造力。

(4)了解别人情绪的能力。理解别人的感觉,察觉别人的真正需要,具有同情心。

(5)维系融洽人际关系的能力。能够理解并适应别人的情绪。

心理学家认为,这些情绪特征是生活的动力,可以让智商发挥更大的效应。所以,情商是影响个人健康、情感、人生成功及人际关系的重要因素。

从此,"情商"作为一个时髦的名词,出现在人们的言谈话语中。关于它的重要性,各方面的专家学者都发表了自己的见解。

丹尼尔·戈尔曼认为:"仅有IQ是不够的,我们应用EQ来教育下一代,帮助他们发挥与生俱来的潜能。"

"情商"一词的提出者沙洛维博士和梅耶博士说:"EQ已成为本世纪最重要的心理学研究成果。"

美国的《读者文摘》更坚定地向读者反问:"掌握了EQ,还有什么不能利用的呢?"

美国的《时代周刊》甚至宣称:"如果不懂EQ,从现在起,我们宣布:你落伍了!"

与EQ有关的新生事物也层出不穷,美国有了《EQ》月刊,它倡导人们:"做EQ测验吧,你会发现一个全新的自己!"

美国EQ协会也迅速成立,它以研究和宣传EQ的作用,以证明它的重要性为目的。该协会的宣言是:"让我们再进化一次,成为智慧的上帝!"

近年来,国外心理学家们又提出了"新情商"的概念,为EQ注入了新的活力。

他们认为,情商是测定和描述人的"情绪情感"的一种指标。它具体包括情绪的自控性、人际关系的处理能力、挫折的承受力、自我的了解程度,以及对他人的理解与宽容。

情商的作用不是单独体现的,情商的高低决定一个人其他能力(包括智力)能否在原有的基础上发挥到极致,从而决定一个人能有多大的成就。

情商在成功的因素中所占的比重是不容忽视的,如果说智商更多地被用来预测一个人的学业成绩,那么,情商则能被用于预测一个人能否取得职业上的成功。

2. 人贵自知，认识你自己

对于情商，王健林认为：首先人要有自知之明。古希腊著名的哲学家亚里士多德曾经说："了解自己不仅是最困难的事情，而且是最残酷的事情"。可见，自知之明是多么之难。

在古希腊帕尔索山上的一块石碑上，刻着这样一句箴言："你要认识你自己。"卢梭曾经这样评论此碑铭："比伦理学家们的一切巨著都更为重要，更为深奥。"显然，认识自己是至关重要的。

要想真正认识自己非常难，有些人活了一辈子，看别人很准，却始终难以看清自我。要想成功，首先就要认清自己，无论别人怎么评价你，那些都不重要，因为没有人比你更了解自己。

很多人失败了，因为他们没有认清自己，没有找到自身的优势和劣势。如果能清楚地知道自己的优缺点，发挥长处，避免短板，就更容易取得成功。

有这样一个故事：

一个小孩跟爸爸一起去邻居家做客，邻居很喜欢这个小家伙，就拿出糖罐说："来，抓一把。"小孩看着糖罐，手却一动不动，邻居催促了他好几次，小孩就是不伸手。最后，邻居只好亲自动手，抓了一大把糖果塞到小孩的衣袋里。

拜访邻居之后，爸爸在回家的路上问儿子："平时你最喜欢吃糖果了，今天怎么不自己动手拿呢？"

小孩回答说："我的手小，抓一把肯定抓得少。他的手则大得多，还是让他抓好一些。"

很显然,这是一个非常聪明的孩子,他清楚自己的短处并巧妙地避开,从而为自己争取到了更大的好处。

每个人都有自己的长处和短处,只要清楚地认识自己,就能扬长避短,取得事半功倍的效果。

老子说:"知人者智,自知者明。"可见,认识自己是多么重要。只有认清自己,才能找到发展方向,步入正确的人生轨道。

日本保险业泰斗原一平在他27岁时,进入日本明治保险公司从事推销工作。那时的他,穷得连午饭都吃不起,而且晚上只能露宿公园。

有一天,他向一位老和尚推销保险,等他详细介绍完之后,老和尚平静地说:"你所说的话,丝毫引不起我投保的兴趣。"

老和尚注视原一平良久,接着又说:"人与人之间,像我们这样相对而坐的时候,一定要具备一种强烈吸引对方的魅力,如果你做不到这一点,将来也就没什么前途。"

原一平哑口无言,冷汗直流。

老和尚又说:"年轻人,先努力改造自己吧!"

"改造自己?"原一平问道。

"是的,要改造自己首先要认识自己,你知道自己是一个什么样的人吗?"老和尚又说,"你要替别人考虑投保之前,必须先考虑自己,认识自己。"

原一平不太理解,疑惑地问道:"先考虑自己?认识自己?"

"是的,赤裸裸地注视自己,毫无保留地彻底反省,然后才能认识自己。"老和尚意味深长地回答道。

从此,原一平开始努力认识自己,改善自己,终于成为一代推销大师。

认识自己，找准自己的人生定位，这决定了一个人事业的成败。

成功人生从正确认识自己开始，如果过高估计自己，会脱离现实，守着幻想度日，怨天尤人，怀才不遇，小事不去做，大事做不来，最终一事无成；如果过低估计自己，会产生强烈的自卑感，导致自暴自弃，结果，明明能做好的事，也会因胆怯而不敢去试，最后抱憾终生。

现实生活中，很多人只看到自己消极的一面，大部分的自我评估都包括太多的缺点、错误与无能。能够认识自己的缺点这固然是好事，但这不是消极的理由，成功者会在找到自身缺点之后努力改进，他们会全面地认识自己，绝不轻视自己。他们在意识到自身缺点的同时，也会找到自己的闪光点。成功者的聪明之处在于，他们会尽力避免暴露个人缺点，而将优点发挥到极致，之后，再慢慢改掉自己的坏习惯。

综上所述，认识自己是多么重要。倘若能正确认识自己，成功时看得起别人，失败时看得起自己，那么，你一定能在激烈的竞争中保持优势，谋得发展。

(1)从现实和历史的状况中认识自己。你最近及过去的事业、工作等各方面的基本情况如何，要从多角度分析，尽可能准确、客观。

(2)从个人和大家的评价中认识自己。选择有一定代表性的个人，如你最要好的朋友、最亲密的同事等，一般来说，他们比别人更了解你。大家的看法，可以是你任职公司的看法，也可以是某个组织的看法。

(3)从工作和学习中认识自己。了解你工作的各种情况，比如，是否热爱你的工作，业绩如何；学习的情况，你对学习怎么看，是否感兴趣，对业务学习、政治学习、专业学习持什么态度，效果如何等。

（4）从事业和生活中认识自己。你的事业心怎么样，从事的是什么事业，你对自己从事的事业是满怀激情还是勉强应付，你现在有何成就；你的家庭生活怎么样，是否幸福，原因何在等。

（5）从自己的强项和弱项中认识自己。在工作、学习或者爱好中，你的强项是什么，成就如何，别人怎么看；你的弱项是什么，有什么具体改善措施等。

（6）从以往的成功和挫折中认识自己。成功和挫折最能反映个人性格和能力上的特点，因此，我们可以从自己成功或失败的经验教训中发现自己的特点，在自我反思和自我检查中重新认识自己。

（7）从感兴趣和讨厌的事情中认识自己。你对什么事情感兴趣，哪一种你最感兴趣，这种兴趣发展到了何种程度，这种兴趣是否高雅、正当，这种兴趣是否已经发展为爱好，在这方面做深入分析；你讨厌什么，阐述具体情况。

（8）从单位和家庭中认识自己。你在单位的表现如何，地位如何，同事怎么看你；你在家里的情况怎么样，对家庭是否有责任心；全家人怎么看你，你的父母亲、配偶怎么看你，孩子怎么看你等。

（9）从生理和心理上认识自己。生理主要是指身体是否健康。心理包括的内容要多，比如心理是否健康、心理品质如何等。分析自己的生理和心理，目的是更科学地评价自己。这样的评价会更全面、更准确。

（10）用传统的或者科学的方法认识自己。在人类历史上有许多如何识人识己的方法，我们可以拿来借鉴。

3. 合作借势才是大智慧

王健林认为，一个人为了能完成自己的事业用尽毕生的精力，这是难能可贵的，但是，一个人或一个团体，只靠自己本身的努力是不够的，特别是在当今社会科学技术高度发达的情况下，门类很多，社会分工精细，一个人或一个团体所掌握的科学技术知识是极有限的，在某些科学技术乃至具体工作环节上，哪怕是最杰出的人物或团体，亦不可能独自完成，必须要借助别人的力量才能攻克。

万达决定做商业地产后，第一个想法就是"傍大款"。在这之前，万达也做过一些收租物业，有七八个小型商场和酒楼，但经常欠租，逼得我们成立了一个收租队。为了防止这种现象，我们提出，收租物业一定要找实力强的租户，要向世界500强收租，并且决定从沃尔玛开始。

王健林说："我就约沃尔玛主管发展的副总裁，约了很长时间才见上面，他们听完我的想法就笑，这是一种轻视的感觉，可能想这么小的公司怎么敢提出和沃尔玛合作。我就反复跟他讲，我们有好的条件。最终他们同意先不谈合作，先做一个项目试试。然后我又亲自去深圳，数次游说沃尔玛亚太区首席执行官。历时半年多，前后几十次的游说，沃尔玛终于答应和我们在长春合作第一个万达广场。我们想方设法把项目干好，让沃尔玛觉得可行，于是继续跟我们合作。干到第五个万达广场的时候，沃尔玛同意跟我们签一个战略合作协议。我们拿着这个协议，开始'忽悠'更多的跨国企业跟我们合作，也包括国内的苏宁、国美等，这些品牌在早期对万达广场发展起了非常大的作用。站在巨人的肩膀上，可以看得高、走得快，所以这个战略是成功的。"

一条帆船在江水中悠哉地顺流而下。岸上的一匹马看见了，长啸一声，傲慢地说："伙计，你怎么总是慢吞吞的，得跑快一点儿啊！"船哗啦啦地劈开江水，不紧不慢地说："朋友，你认为你跑得很快吗？咱俩比试比试怎么样？""哈哈，你想跟我比？好，现在就开始吧！"说罢，马撒开四蹄就跑。

马跑啊跑啊，跑了个把钟头，当它确信自己已远远地把船抛在了后面时，就在一片草地上休息。

可是它的喘息还没有完全平定，船就赶上来，马见逼近了，撒腿就跑，看看又把船抛在了后面，便再次停下来吃草。马正吃得津津有味，船又优哉游哉地驶来，马慌忙撒开四蹄便跑。

就这样，马想摆脱船的追赶，而船就像影子一样，怎么甩也甩不掉。马终于累倒在地上，眼睁睁看着船从自己的面前超了过去。马有点不明白，高喊："伙计，你说实话，咱俩谁跑得快？"

船老老实实地说："在一定的时间里，你比我跑得快。"

"可是，为什么最后我却输给了你呢？"

"很简单。"船仍是那么慢悠悠地说："慢船累倒马——你依靠的是自己的力量，而我，却借助了风和水的力量。"

借助外力在我们的生活中已无处不在。每个人的成长过程也要借助外力，善于借助外力，才能越行越远。

成就事业的人，他们最聪明智慧的表现，在于能够集中别人智慧为我所用，将别人智慧变成自己的能力。三国时实力最差的刘备，利用了诸葛亮的智慧和关、张等的勇猛，获得三分天下。刘邦用了张良、萧何、韩信等人,成了"楚汉纷争"的胜利者,建立了大汉王朝。李世民招贤纳谏,造就了"贞观"盛世。无数事实证明,古今中外凡成就大业者,无不是招贤纳士、借助外力的高手。

如上所说,利用智囊,这是直接使用别人智慧的方法,效果直截了当。智囊,不是蝇营狗苟的"小圈子",而是方方面面的专门人才组成的团队。

当然,"外力"并不是仅仅指现实中的人。前人的实践经验、经典论断,都是间接的外力。领导干部在做思想工作过程中,若恰到好处地引用一些古今中外圣贤的事例,或者名言警句,马上就会产生一种智慧的吸引力,让人们带着钦佩学习,在学习中实现思想统一。

"守什么人学什么人",如果与一群高素质人交朋友,耳濡目染,潜移默化中增长了才干。你周围的人若都是很大气,想问题做事情都气度非凡的话,你会有意无意形成或接近这种风格。借别人智慧,提高自己,成功自己,才能算得上大智慧。

4. 学会沟通和分享,好人缘带来好成就

王健林认为情商还有一点是沟通能力强,能笼得住人,有人缘。"能笼得住人,你自己创业,你能让公司十个八个人都听话愿意跟着你混,100个人中90个人愿意跟着你混,1000个人中800个人愿意跟着你混,即便有些人是暂时栖身,大多数人愿意跟着你混,成功机会会多得多。"

潘石屹在自传中提到:"一个年轻人大学毕业,走入社会,就进

入了复杂的人际关系中。社会是很多人际关系的总和,你必须了解他人,与人谋事,而不是无目的地拉人闲谈,这样才能不虚度光阴,完成'社会实践'。你一定会与某些人达成关系,人类是社会性的动物,与他人必有关系是你无法回避的命运。世界上的事都是人际关系的构成和发展,关系,关系,还是关系。"

这些年来,很多人向潘石屹请教,问他为什么人缘这么好,说是"谁都认识老潘,老潘永远笑容可掬"等,潘石屹回答道:"如果说我在为人处世上有什么经验的话,我觉得有一点可以写出来与大家共享,那就是我珍惜每一次与人相见的机会,每一个人身上都藏有我学习与合作的机会,重要的是我能否将其开发出来。事实上他人身上的宝藏也往往是乐于被你开发的。"

不管是信息、金钱利益或工作机会,懂得分享的人,最终往往可以获得更多人脉。

台北市内湖科学园区的益登科技,因为代理全球绘图芯片龙头厂商的产品,从默默无闻的无名小卒,迅速跻身为国内第二大IC通路商。总经理曾禹旂赤手空拳在6年内,打拼出了一家市值逾新台币80亿元的公司,他靠的是什么?

与曾禹旂相交二十多年的友人吴宪长说:"在同业中或同辈中,论聪明、论能力,曾禹旂都不能算顶尖,但是,他能遇到这个好运,八成以上的因素在于他的人脉。因为他很愿意与别人分享,大家才会利益共享,机会之神也才会眷顾他,而不是别人。"

"有怎样的度量,就有怎样的福气",从小曾禹旂的父母就是这样教导他。如今,曾禹旂也常这样对属下说:"赚钱机会非常多,一个人无法把所有的钱赚走。"是的,只有分享,才能让你得到更多。

众所周知,中国的温州人是有名的"生意精",素有中国的"犹太人"之美称,他们之所以能把生意做到如此地步,就是因为他们善于分享,以此积累了丰富的人脉资源,有了人还怕做生意不赚钱?

温州人信奉"有钱大家一起赚"的信条,他们认为不让人赚钱的生意人,不是好生意人,也绝对不会得到真正的朋友,真正的朋友总是肯为对方考虑的。在商业社会,做生意总要有伙伴、有帮手、有朋友。你照顾了别人的利益,实际上也就是照顾了自己的利益。

谢福烈是四川温州商城的董事长,他是第一位到四川从事房地产开发的温州商人。如今,他的投资已经扩展到了乐山温州商城、三台温州商城、营山温州商城、自贡温州商城……这些投资已经超过了7亿元。但是,谢福烈却没有向银行贷过一分钱的款。那么,这么多的资金都是从哪里来的呢?

谢福烈投资自贡温州商城时需要总投资3亿多元,这么多的资金靠谢福烈的自有资金显然是不够的。于是,他把自己的计划向其他60多位温州老乡公布。结果,这些温州商人二话没说,集资凑足了3亿多元,这个项目就被谢福烈和他的这些老乡们拿下了。

温州市鹿城区副区长熊洪庆说:"我现在走到哪里都很方便,因为温州商会遍布全国各地,很乐意接待来自家乡的客人。有钱大家一起挣,有商机大家一起争取。"温州人就是靠这种理念把生意做大的。

巴勒斯坦有两片海,这两片海相距不远,而且共用一个源头——约旦河。但是景象却大不相同,一片死气沉沉,被称为死海;另一片生机盎然,名为加利利海。

同样都是接纳约旦河的水,为什么如此不同?原来,死海地势较低,水只能流入,而不能流出,加上阳光终日照射,海水不断蒸发,久而久之,就成了寸草不生的咸水湖。而加利利海则恰恰相反,它的地势较高,水流入又流出,接纳和付出同时进行,所以"活"得精彩纷呈。

一个懂得分享的人，生命就像加利利海的活水一样，丰沛而且充满活力，这样的人身上有一种特殊的吸引力。此外，在这个世界上，有些东西是越分享越多的，更重要的是，你的分享将会使更多人愿意与你在一起。

5. 时刻保持冷静的心

王健林曾这样说过："让自己冷静才能把事情处理得好。"无论发生什么事情，不要先乱了自己的阵脚，一定要保持冷静的头脑。

保持一颗冷静头脑的人之所以能使自己向成功迈进，在于他决策时的智慧与胆识，能够排除错误之见。正如马云所说："一个企业家经常要问自己的不是'我能做什么'，而是'该做什么，到底想做什么。要做到面对金钱的诱惑不要动心，面对快速扩张不要动心，冷静地记住自己要做的是什么，冷静地去发现有价值的核心是什么。"这也是马云给创业者的三原则之一。

2000年马云把阿里巴巴的摊子铺到了美国硅谷、韩国，并在伦敦、中国香港快速拓展业务。而且马云还将阿里巴巴的英文网站放到硅谷，时值互联网的冬天，大批互联网公司倒闭，阿里巴巴的硅谷中心也陷入了生存危机之中。如不果断采取措施，整个阿里巴巴将就地阵亡。2000年年底，马云宣布全球大裁员。2001年马云开展了阿里巴巴的"整风运动"。"如果你心浮气躁，请你离开。"这番话，马云不仅是对员工讲的,也是对自己讲的。

　　静下心的马云开始考虑阿里巴巴的核心是什么。"小企业通过互联网组成独立的世界,这才是互联网真正的革命性所在。""帮助中小企业赚钱"这是马云得出的结论。于是,马云频频飞到世界各地,联系买家。而后,马云又开始考虑什么才是决定B2B交易成败的关键,在分析当时国内电子商务环境后,马云将目标锁定在安全支付问题上。

　　2002年3月,阿里巴巴启动了"诚信通"计划,和信用管理公司合作,对网商进行信用认证。结果显示,诚信通的会员成交率从47%提高到72%。于是,从2002年开始收费、年付费用2300元的"诚信通"成了阿里巴巴赢利的主要工具,45000个网商的营收源让阿里巴巴日进100万金。冷静下来的马云终于摸准了阿里巴巴的脉。

　　对于一些创业者来说,躲过商战上的明枪暗箭容易,时刻保持冷静的头脑却很难。一般来说,多数人在通常情况下都能控制自己的情绪,保持头脑冷静,进而做出正确的决定。但是,一旦事态紧急,很多管理者就会自乱阵脚,无法把持自己。

　　企业的发展不可能都一帆风顺的,面对危难之事,性格狂躁的管理者必然失败。只有保持头脑的冷静,才有可能想出解决问题的办法。就像一个走到一个树高草茂的深山老林里迷了路的人,此时他应该做的不是快速地、不停地走,而是应该停下来,清醒清醒头脑,白天看一看太阳然后再根据时间,判断一下方向;晚上则看一下北斗星的位置。

　　一家企业要想在激烈残酷而永不休止的商业斗争中立于不败之地,除了一切必需的商业策略和正确的运作方式外,还需要有一个头脑冷静的领导者指挥企业的庞大舰队在风浪中躲开暗礁、拨正航向。

没有人会否认英特尔CEO克雷格·巴雷特就是这样一个富有领导能力的企业灵魂。照片上的他总是微笑着，但他的眼神冷静锐利，仿佛能洞察一切。他的魅力不仅存在于他的神情气质，更多的是体现在他的冷静的市场策略和经营手法上。

芯片制造进入互联网时代，其面临的困难事先无法想象得到。记录表明英特尔2002年的芯片生意成绩平平，问题一大串：微处理器和晶片的送货时间比预定的时间晚了几个月；设计缺陷令人尴尬；供应短缺等等。一些向来忠诚的客户，如戴尔（Dell）和Gateway也开始公开抱怨芯片巨人的种种不足。Gateway把一部分订单给了Advanced Micro Devices（AMD）公司，该公司的芯片产品曾一度与英特尔的芯片较劲。而那时候AMD的产品销售量一度居高，英特尔差点陷入绝望的境地。

但巴雷特沉得住气，从前任安德鲁·格雷弗手里接过CEO的大权后，他决定扫除障碍。巴雷特从来都不打算让英特尔退出芯片产品的战斗，他决定正面迎敌，一决高下。英特尔的微处理器支配着公司的经营策略。巴雷特说，"芯片是我们梦寐以求的、能带来可观利润和良好市场定位的主导产品，还有什么别的个人电脑所用的芯片产品作为首要业务，而英特尔公司在促销产品方面变得越来越主动，以赢回客户的信赖和订单。"

克雷格·巴雷特之所以能够带领英特尔乘风破浪，从重重迷雾中走出来，有很大一部分原因在于他能保持冷静的头脑，沉得住气，善于在大家的头脑像热熔岩的时候，保持自己的头脑像冰水一样冷静，这是一个成功者必不可缺的素质，也是他领导企业走向成功的又一秘诀。

143

成功创业就是能够完美地完成自己的既定目标,并且这一目标不偏离道德标准,能够实现利益最大化。所以在创业的道路上,必须要保持一个冷静的头脑,使你做到目标明确。

正如苏联伟大的文学家高尔基所说:"理智是一切力量中最强大的力量,是世界上唯一自觉活动着的力量。"不管处于怎样的境地,也不管遇到怎样的考验,我们都应该保持理智的头脑,冷静分析形势,并注意考虑自己所做的事情的后果。只有这样,我们才能让自己创业的脚步走得更加稳健。

6. 站在巨人的肩膀上看得更远

智者当借力而行。春秋时期的管仲借老马识途走出困境;秦朝末年的陈胜、吴广假借鬼神起事;《三国演义》中诸葛亮善借火势,火烧博望,火烧赤壁,以雾借箭,还借风、借水、借雪……刘备借雷声保全性命,借孔明之力三分天下;曹操借粮官之头以安军心,借黄祖之手以除傲气凌人的祢衡,借天子之威以令诸侯……

大发明家爱迪生也说:"要想成功必须利用别人的头脑。"借用他人之脑,就是借用他人的智慧。历代帝王都特别重视"借脑生谋"的重要性。大凡贤明的君主都积极网罗人才,礼贤下士,手下谋士如云,并且都善于虚心听取谋士们的意见。周文王溪边启用姜太公,言听计从,建周代商;秦孝公任用商鞅变法富国强兵;秦惠文王任用张仪统领诸国;孟尝君广招天下贤士,门客三千,屡献奇计,化险为夷;汉高祖任贤授能,乌江边上逼死西楚霸王;唐太宗广纳贤才,爱才如命,创贞观之治；元世祖任人唯贤，不计辈分，使中国版图横跨几洲……

王健林是一个善于借势的人。

2002年，万达尝试向商业地产转型，首先想到的便是要与世界500强公司合作。

在当时沃尔玛那么"牛气"，王健林为何非要知难而上呢？在王健林看来，"中小店铺的特点是'可以同甘，不能共苦'。这种店铺好的时候没有问题，商家挖空心思想进来，甚至是行贿也要进来。但是在培育期，或者之后出一点问题，这种店铺就容易出现关门走人的情况，影响购物中心的整体氛围；如果是大的主力店，它进来后要进行较大的设施投资，不可能遇到一点困难就撤出，这种主力店稳定性较好。所以万达在招商中通常要拿出较多的面积，安排大大小小的主力店，起着稳定场子、增强号召力的作用；剩下的那一部分再给中小店铺。这样才能使购物中心做到一开就比较稳定，或者说即使遇到困难，也不至于关掉。这是万达从多次失败中总结出来的重要经验。"

王健林很早就发现，在美国的购物中心里，有50%的主力店主要是百货、超市这两种业态，对于主力店，大多数是白送的，有一些甚至连店铺也是送的，即便有租金也是极低的。那为什么地产商还要把他们拉进来呢？答案很简单：要靠他们来吸引人流。

在抱住沃尔玛的大腿后，2005年，万达又和国美电器结成了同盟关系。国美是中国最大的家电零售连锁企业，身处行业领先地位，但自从其最大的竞争对手苏宁电器宣布计划在2005年新建150家门店，并开始尝试经营面积超过一万平方米的大店，面对对手的步步紧逼，国美也必须在经营规模和内容上有所突破。万达的出现便是雪中送炭。

考虑到国美在业界拥有的广泛声誉,其品牌知名度对带动消费者有重要影响,又是新手,对地产商的要价不高,万达果断选择结盟,不只多到手一个知名品牌,更是增加了一个与其他主力店竞价的砝码。这样的选择可谓一举两得,皆大欢喜。

就像王健林所说的,只有站在巨人的肩膀上,才可以看得更高、走得更快,所以"傍大款""借东风"的战略是非常可行的。

借"力"的力,含义非常广泛。可以指物质力量也可以是精神力量。即人力、财力、物力等各种各样的力量我们都可以利用。

美国有一出版商甚至将脑筋用到总统头上,该出版商将仓库中堆积如山、难以销售的图书通过一个朋友送给总统,总统看了几页后漫不经心地说:"这本书不错。"出版商听到后,就用总统这句话大做文章,打出广告说:"一本让总统大为称赞的书。"于是这本书开始走俏,不到一个月就把积压的书都卖光了,而且还造成了脱销状态。出版商尝到甜头后,又给总统寄了一本书,总统十分恼火出版商用自己做宣传,就不留情面地说:"这本书糟透了!"出版商又利用总统的批语大做文章,他在广告中写道:"一本总统认为糟透了的书。"马上,这本书又成了畅销书,出版商又大赚一笔。几个月以后,出版商又有一本滞销图书,他还是像以前一样,又给总统寄了一本书,总统想我说好也不是,坏也不是,他总能利用我的话赚钱,这回我什么也不说,看他还能怎么办。没想到总统还是被出版商利用了,出版商在广告中写道:"一本令总统难以评价的书。"结果这本书也立刻热销了起来。"魔高一尺,道高一丈。"出版商又巧妙地利用总统的特殊身份狠赚了一笔。

未来时代的竞争优势,已经慢慢地从有形的资源转移到无形的智能上。因此,谁能够充分地运用与开发自己与别人的智能,谁就是这个时代最大的赢家。

其实,生活就是这样,你自己的力量永远也比不上"你+小房产公司老板+有钱的富二代+事业单位工作的高中同学+一个相处友好的邻居",更比不上"你+稍有名气的新锐作家+富豪叔叔+教授姑妈+名主持人"。有时候,人脉也像是滚雪球一样,从这些朋友身上,你能获得无穷的力量。

有人可能会说,"借"的确是一个"四两拨千斤"的好方法,但自己究竟能"借"什么,又怎样"借"才能有效,却又是现实中必然会遇到的难题。

"给我一个支点,我可以撬动地球。"这是阿基米德的一句名言,而"借"的关键就是能够找到这个支点所在。

这个"支点"就是"借"的契合点,它是你急需的,却又是对方所独具的。所以"借"绝对不是简单的依赖和等待,而是一场有准备的战斗,是用巧妙的智慧换取财富。从这一点来说,你首先要对自己有充分的了解,你的强项是什么,怎样的"外援"会对你有帮助?接下来在对市场充分了解的基础上,你就可以锁定自己的靠山,然后通过有效的"嫁接",真正达到"借"的目的。所以"借"是主动的,它是你根据实际需要做出的选择。

第一是借"智力",或者说是"思路""经验"等,比如有些投资大师有不少好的经验,这都是他们经过多年的成功与失败得出的制胜法宝,它们显然可以让我们的投资少走许多弯路。

第二是借"人力",这就是所谓的人气,一个品牌、一处经营场所甚至是一位名人,其周边可能聚集了不少类别分明的人群,如果能把自己生意的目标消费群与之结合起来,其结果可能就是投入不大利润大。

第三是借"潜力",良好的社会经济发展前景诱惑无疑是巨大的,它也会给我们的投资带来有效的增值空间,像城市的建设规划以及中小城市的发展计划等,都是值得我们关注的焦点。

第四是借"财力",有些投资者或企业可能会遇到资金捉襟见肘的情况,那么充分利用银行或投资基金的财务杠杆,无疑会让你解决许多"燃眉之急"。

第五是借"权力",乍一听这个词似乎挺吓人的,但其实所指的就是政策,"借"上好的政策同样也会使你赢得发展的契机,靠政策致富的案例早已屡见不鲜了。

但在这里需要说明的是,"借"与盲目跟风可是有着本质的区别,"借"是一项高技术含量的工作,通过了解、准备、研究、比较和选择等多个步骤才能获得成功,而如果随意地跟风模仿,反而会给你带来不小的风险。有些投资者不考虑周围环境和自身的不同实际,不看实际效果是否有效,不看时机是否成熟,不看条件是否具备,生搬硬套,盲目地跟着别人走,这显然是与"借"的本意相违背的。

"好风凭借力,送我上青云。"人自身的能力是有限的,而可以凭借的外部力量却是无穷无尽的,要想成功必须善于借助外部力量。如同美国百货业巨子约翰·华那卡总结的成功策划方程式:成功的策划=他人的金钱+他人的头脑。越是知借、敢借、爱借、会借、善借的人,越能够获得成功。

7. 帮助别人就是帮助自己

王健林说，扶持别人就是扶持自己，即便是牺牲自己的利益，也要尽最大的努力扶持"房客"。万达也正是靠着这样无私、仗义的精神，拥有了好人缘、好口碑、好业绩。

超市、百货虽然看着热闹、繁华，但对商业地产商来说，必须正视的是其收益极低的现实，只有中小店铺才是创造收益的主要力量。王健林自然知道这一点。因此，除了沃尔玛、家乐福、百盛这样的"大房客"，万达在"小伙伴"身上也花费了不少心思。

诞生于沈阳的大玩家超乐场，是万达较早的合作对象之一，一开始经营得并不好，万达就允许给业主减免一部分租金。但随着万达的快速扩张，大玩家渐渐有些跟不上，然而王健林破例做了一个决定："我们的财务部帮他收钱，帮他管账。一般谁愿意干这个呀？也有人跟我说，你还不如自己做，我说咱不是万能的，别什么都自己弄，人家好歹也跟了我们好几年，还是得扶持一下。"

后来，大玩家获得了几千万美元的风险投资，成为中国电游行业的第一品牌，便自己把账接了回去。

除此之外，还有一些更小的餐饮品牌，也都营销有方，很受消费者欢迎，但因为规模有限也难以跟上万达的扩张步伐。王健林当机立断："像这种企业，我就跟他谈条件，比如前期装修的2000万元我帮你出，分10年摊到租金里，他一听很高兴啊，只要出个几百万元、置办些锅碗瓢盆就能开个店了，他当然愿意跟我走了。"

如今，在中国各大城市的万达广场，餐饮店铺始终集中在最顶层。这也是王健林的首创，他还为此发明了一个理论名词，叫"瀑布效应"："中国人的特点就是好吃，你把各种美食弄到一起，做到最上面一层，他为了吃，就会跑上去，下来时他必须经过一些路径，这样就能增加顾客的滞留时间，就像瀑布一样，从上面冒出来，一点点流下来。"

近年来，愿意跟随万达的商家越来越多。据统计，万达目前的战略合作伙伴已超过5000家，长期签约的则有1200家。"对商业地产来说，最主要的门槛并不是资金门槛，而是商业资源的积累，就是招商能力。有本事开店，想招谁来谁就来，而且预先有人愿意跟你签订租赁协议或者意向书，你就能规避很大风险了。"

如何将大房客、小租户们吸引过来？王健林的秘诀并不复杂："首先要确保项目兑现承诺，万达每年10月有一个招商大会，一两千个商业连锁公司来参加，我在会上公布第二年有哪些店开业，在哪一天。很少有企业敢这么做，你敢说哪一天，万一有变化呢？万一工程延期怎么办？零售企业和服务业企业利润都是比较低的，员工招聘进来能辞掉吗？而万达敢说。再就是万达出了十多本手册，很多都是研究客户心理学和租户心理学的，研究如何让租户进来就能赚钱，如果你买了商铺租不出去，我们还给你代招租，扶持别人就是扶持自己。"

犹太人有一句名言：帮助别人就是帮助自己。爱默生也说过：人生最美丽的补偿之一，就是自己真诚地帮助了别人之后，别人也真诚地帮助了自己。因此，在别人需要帮助的时候伸出援手，不是一种损失，而是一种收获。

马云说过："小企业也要有大梦想，小企业是世界经济恢复的原动力，阿里巴巴的梦想就是帮助所有的中小企业实现他们的梦想。"

马云在2005中国经济年度人物评选创新论坛的演讲中谈到："阿

里巴巴要帮助中小企业成功。这个思想从哪儿来呢?我记得应邀到新加坡参加亚洲电子商务大会,我发现90%的演讲者是美国的嘉宾,90%的听众是西方人,所有的案子、例子用的都是eBay、雅虎这些,我认为亚洲是亚洲、中国是中国、美国是美国,美国人打NBA打篮球打得很好,中国人就应该打乒乓球。回国的路上我觉得中国一定要有自己的商务模式,是不是eBay我不知道,是不是雅虎我也没有看清楚,但是如果围绕中小企业帮助中小企业成功翻牌是有机会的。"

在2008年度APEC工商咨询理事会(ABAC)第三次会议的闭幕式上,马云作为中国ABAC的代表发表宣言,首次提出"冬天里的使命"——帮助中小企业度过全球经济冬天,并提出了需要优先解决的三个环节:第一,在技术层面要进行突破,特别是在全球范围内、在地区范围内,各经济体要加强通过技术手段来促进中小企业跨境和开展多边贸易;第二,要帮助解决中小企业融资问题,阿里巴巴会敦促各经济体的政府、领导人和各经济体的所有有关方面,以更为创新的方法来帮助中小企业,提议政府切实发展针对中小企业的贷款扶持计划而不仅仅停留在空谈;第三个则是培训。

2009年2月,在国内八家银行的支持下,阿里巴巴集团提供了超过60亿元的资金来帮助受经济放缓影响的国内中小企业"过冬"。这也是这家杭州电子商务企业在短短半年的时间里展开的第三次大规模救援中小企业行动。

当你真心实意去行善时,善也一定会投射回到你的身上。俗话说,勿以恶小而为之,勿以善小而不为。行善,福虽未至,祸已远离。

当我们对别人特别好的时候,就是我们对自己特别好的时候。生活在同一片蓝天下,谁又能够离得开谁呢?我们只有给予别人最好的,我们最后才会得到更好的。

第七章

商业管理是公司最核心的竞争力

1. 目标管理是企业的基础

对于所有企业而言,目标管理指引着产业投资、市场营销的方向。企业的未来如何,取决于战略目标的设计与管理。人们常说:"心有多大,舞台就有多大。"显然,目标的定位在哪儿,未来的发展空间就在哪儿。没有目标规划和管理,企业就像走在黑夜中的行人,找不到方向,看不见路,只能四处探索,四处碰壁,最终还是原地转圈。因此,经营者首先应为企业做好目标设计,引导大家为了这个共同的愿景去努力、奋斗。

王健林将万达的发展目标定位于"百年万达,国际万达"。多年来,无论市场怎样风云变幻,万达始终保持了良好的发展势头,并屡屡突破自我,引领着行业发展趋势。这种后劲十足的表现,就是目标管理作用的结果。回首万达的发展史,不难看出它不同时期都有明确的目标设计。王健林在目标管理上的策略是:将大目标分化为不同阶段的小目标，这样执行就更有针对性，并由此获得了源源不断的成长动力。可以说，有了目标管理，企业就有了发展的灵活性，就有了把事业做大做久的可能性。

唐太宗贞观年间，京城长安十分繁华，在京城的城西，有一家磨坊，磨坊里有一匹马和一头驴子，它们是好朋友，马在外面拉东西，驴子在屋里拉磨。贞观三年（公元629年），这匹马被玄奘大师选中出发经西域前往天竺取经。一去便是十七年，当这匹马跋山涉水地从遥远的西域载着经书回到长安，来到磨坊见到昔日的老朋友驴子时，老马谈起了这次旅途的经历：浩瀚无边的沙漠，耸入云霄的山岭，凌峰的冰雪，热海的波澜，那些神话般的境界使驴子听了极为惊异。驴子叹道："你有多么丰富的见闻啊！那么遥远的道路，我连想都不敢想。"

老马感慨地说："其实，我们跨过的距离大体相等。当我向西域前行的时候你一步也没停止，不同的是我同玄奘大师有一个遥远的目标，按照始终如一的方向前进，所以我们打开了一个广阔的世界。而你被蒙住眼睛，一生围着磨盘打转，所以永远走不出这个狭隘的天地。"

这则寓言给了我们积极有益的启迪：在日常生活中，如果我们面对自己正在走的路，没有明确的方向和目标，那只有两个结果，一是原地转圈，二是瞎走乱撞。

对于一个单位、一个企业也是如此。小而言之，工作要有计划，大而言之，发展要有愿景和战略规划。许多企业由于受到其自身发展的历史和基础的制约，从来就没有制订过战略，有的连计划都没有，仅靠老板对市场的经验和理解做决策。这类企业存在着共同的问题:在整个企业的管理体系中,战略管理被忽视,目标管理处于形式。在管理学上,把这种以企业领导人个人的感觉来引导企业发展的方式称为机会导向型。

有些管理者常会犯这样的错误:什么赚钱做什么,赚一笔是一笔。做什么项目,进入哪一个领域是不做任何论证的,也不做调查,老板自己说了就算,全凭老板自己的心情。这样的管理者带领企业,迟早会让企业走上绝路的。

客观地讲,企业在初创时期要捕捉市场机会,形成自己的竞争力,占领市场、扩大业务。当企业有了一定的业务基础和一定数量的赢利之后,就出现两种分化:一种是按照过去的惯性思维,捕捉机会,大胆投资。但我们一定要明白,这不是战略投资,也不是长远发展的最佳选择。这种机会导向型的投资方式失败的概率极大。

另一种是不断巩固和延伸已经形成了一定基础的核心业务的竞争能力。特别是在主营业务发展减速时,也不能轻易地进行主营业务转型,而是要认真分析影响主营业务下降的因素。

此时可以反思如下问题:

一是外部环境是否发生了巨大的变化;

二是竞争者是否有了新的优势;

三是自身对主营业务的投入是否充足;

四是自身的组织架构和运营体系是否适应业务的发展,是否及时作了调整;

五是市场的自然增长是否放慢或已达到了饱和。

分析清楚这些因素后,才可以决定是否进行主营业务的转型和新业务的拓展。

总之,企业对自己的战略目标要有坚持到底的精神,对自己熟悉的业务,不能轻易放弃。因为任何一个行业都有高峰与低谷,如果起步时就确定了目标,就应当坚定不移地走下去,最美的风光就在风雨后。

愿景是彼岸的希望之光,有追求的管理者能够引导企业不断提升自身优势,愿景是快速驶向彼岸的导航器,而管理者的计划则是航船的行程安排和时间表。以战略为导向并通过绩效管理,把战略落到实处,企业才能健康持续地发展。

2. 细节管理是目标管理的延续

目标往往是宏大的,实现目标的过程需要从细节入手去落实。因此,细节管理是目标管理的延续,具体来说是指在实现目标管理的过程中所需的各种制度、规章等。有了这些细化的管理举措,企业就能正常运转,各项工作可以顺利推进,宏大的目标才能落地。今天,许多企业不缺乏长大的梦想和目标,缺失的是细节管理上的精准、到位。

日常发展中,企业遇到的各种危机,往往出在细节管控上,因为执行不到位、检查不严格、技术不过关等导致产品缺乏竞争力,管理粗放,这样的情形太普遍了。

万达之所以在商业地产上技高一筹,始终走在时代前列,关键在于其细节管控的深厚功夫。万达在细节管理上的巨大投入、恒久坚持,都是其他企业无法想象的,由此它才占据了市场制高点,引领着行业发展大方向。

改革开放初期,也就是20世纪80年代,我们关注的是企业内部,在生产管理、效率、成本、质量上下功夫,管理则侧重提高质量效率,说"质量就是生命""时间就是金钱";80年代后期、90年代前期,我们关注市场,说"市场如战场""市场决定企业命运";90年代中期,大家意识到更重要的是战略,所谓"人无远虑,必有近忧",全国都在讲战略;最近几年,特别是2002年以后,管理则回到了对局部、对小事,所谓"细中见精、小中见大",即细节管理。

"天下大事,必作于细;天下难事,必成于易"。什么是细节管理呢?在众多企业管理学著作中,细节管理算不上什么理论,甚至于没有专门的学说及论述,也没有一定的原则和规则可言。细节不要说重复,连"转述"都不行。然而,细节管理的价值在于它是创造性的、独一无二的、无法重复的。因为,能够转述的只能是逻辑的东西、理论的东西。一个企业的创新和好的管理方法是一种不能用编程来表现的资源,因而是学不到的并且是无法简单复制的。

西方流传的一首民谣,充分说明了细节的重要作用。"丢失一个钉子,坏了一只蹄铁;坏了一只蹄铁,折了一匹战马;折了一匹战马,伤了一位骑士;伤了一位骑士,输了一场战斗;输了一场战斗,亡了一个帝国"。马蹄铁上一个钉子是否会丢失,本是初始条件的十分微小的变化,但其"长期"效应却是一个帝国存与亡的根本差别。对于我们现代企业的发展来说,我们每个人的每一次细微的工作,敲定一个符号、纠正一个错误、修正一个计划……这些微小的行为都对企业的兴盛有重大的影响。所以,我们必须要重视细节在企业中所起的作用。

忽视细节,小损则会与众多商机失之交臂,大害则会毁掉一个企业。

在浙江某地出产的冻虾仁被欧洲一些商家退了货,并且要求索赔。原因是欧洲当地检验部门从部分舟山冻虾中查到了十亿分之零点二克的氯霉素。经过自查,环节出在加工上,剥虾仁要靠手工,一些员工因为手痒难耐,用含氯霉素的消毒水止痒,结果将氯毒素带入了冻虾仁。这起事件,引起不少业内人士的关注。一则认为这是质量壁垒,十亿分之零点二克的含量已经细微到极致了,也不一定会影响人体,只是欧洲国家对农产品的质量要求太苛刻了;二则认为是素质壁垒,主要是国内农业企业员工的素质不高造成的;三则认为这是技术壁垒,当地冻虾仁加工企业和政府有关质检部门的安全检测技术太落后了,跟不上外国人,根本检测不出这么微小的有毒物。但是,这十亿分之零点二表面上看起来是一次失误,其实却隐含着深刻的教训——疏忽细节。

与此同时,许多国外的企业却已经认识到细节的重要性,从细节入手,得到了很大的回报。

上海地铁一号线是德国人设计的,看上去没有什么特别的地方,直到中国设计师设计的二号线投入运营,有了比较后,才发现一号线许多细节处理的良苦用心:一号线每一个出口处都设计了三个台阶,要进地铁口,必须踏上三级台阶,然后再往下进入地铁站,因为德国设计师注意到上海地势低,设计三个台阶就把雨水倒灌的问题解决了。一号线出口处都设计了一个转弯,看起来也是多此一举,二号线就处理成直行,但就是一号线的这个转弯细节,让冷暖气节省了很多,降低了很大的营运成本。

这样的例子还有很多,"奔驰汽车"就是靠对细节检查不放松,生产出高品质的产品。麦当劳从一家为过路司机提供餐饮的快餐店,发展到今天拥有近三万家连锁店、数十万员工、多年稳居全球快餐业龙头老大的跨国企业,正是坚持了事事认真、时时认真的结果。

在谈到麦当劳成功经验的时候,其创始人克罗克说:连锁店只有标准统一,而且持之以恒地坚持每一个细节都按标准化要求执行,才能保证成功。沃尔玛成功的秘密就在于它注重细节,从细节中取胜。

许多国际知名品牌产品的生产经营管理流程环节,以及生产每一个工艺的细节都有具体的规范。尤其是日本、韩国的一流企业,非常重视细节,并且通过严格执行任务中的细节,让普通员工都能发现细小问题,让全员通过一定的制度参与解决与改善,从而寻求大幅度提高品质、降低成本等,正是由于他们重视细节,使得日本、韩国的一批中型企业用二三十年的时间成为跨国的世界级企业,如丰田、索尼、爱普生、三星,等等。

从细节中取胜已经成为当今企业的共识,现代企业之间的竞争就是细节之间的竞争,就是看谁能把小事情做得更加完善。

3. 品牌管理:成为第一的"偏执狂"

Google是全世界最大的搜索引擎,其搜索快速精准、客观公正,具有极高的品牌知名度和美誉度,颇受用户的喜爱,自然是中国企业网络推广的搜索引擎平台。百度则将自己定位为"中文第一搜索引擎",通过如《唐伯虎》视频广告等病毒式传播,将"百度更懂中文"的品牌形象迅速植入到用户认知中,一举超越Google,成为中国市场占有率最高的搜索引擎。

百度招股说明书的封面,有一个"I"和38个"我"。百度告诉美国的投资者,英文说"我"只用一个"I",但中文,表示"我",可以有38种说法:我、俺、鄙人、在下、洒家……百度的成功当然离不开其强势灵活的市场推广策略,但与Google、Yahoo等国际搜索引擎的差异化定位,是其成功的重要原因。

定位的目的是要进入到用户的心里,那我们先来看看人的大脑是什么特点。

"中国第一位进入太空的'飞天第一人'是谁?"

"小朋友都知道了,是杨立伟嘛。"

"中国第二位进入太空的航天员是谁?"

"很熟悉,咦,好像第二次上天的是两个人哦……不好意思,他们的名字就在嘴边但不记得了。"

确实是很对不起,虽然你们同样和杨立伟一样是民族英雄,但是,我大脑实在记不下这么多,我只记得第一个。

这就是作为一个普通人的普遍反应。一个人的大脑每天要接触许许多多、各种各样的信息,在这个信息大爆炸的年代,大脑绝不可能处理全部的信息。人的大脑都是有选择性地去记住它认为需要记住的、可以记住的信息,而其他信息统统都会被过滤掉;或者即使当时记住了,过不久也容易忘记。这就是大脑的一种自我防御机制。

按照社会学家的研究,大脑对信息的选择至少有三个防御环节。

第一个环节是选择性曝光。比如:我不喜欢足球,我也不会去看电视报纸关于足球赛的报道。

第二个环节是选择性注意。比如:我到网上看新闻,都是一眼扫过很多的新闻标题,看到我感兴趣的地方会点击进去看,旁边闪烁的广告我是不会注意的。

第三个环节是选择性保持。比如:刚刚我们吃饭的这家餐厅叫什么名字啊?味道不错,下次我们再过来吃。

人们通过使自己不暴露在信息面前、不留意接触到的信息、不保存这些信息,可以把不必要或不需要的信息拦截住、过滤掉。

大脑憎恨混乱。对于复杂的、无序的内容,大脑是很难记住的。那么,大脑感兴趣的是哪些信息?它可以记住什么信息呢?

大脑喜欢的是最简单的、最集中的、最新奇的信息。

品牌定位正是为了迎合大脑的喜好,通过一种最简单的方式,让大脑接受并记住品牌。品牌定位是要将品牌的传播要素进行聚焦,凝结成最具个性的一个点,并通过最简单的语言表达出来,让用户很容易接受并记住它。

所以,对于成为"第一",王健林一直偏执地追求着。在很多场合,王健林公开表示:"要么做中国第一,要么做世界第一。"看似偏执的言辞,其实透露着王健林忠于自我,勇于挑战的信心。

他认为,对于一个企业来说,一般人只会记住两个品牌——第一名和第二名。而第一名的品牌影响力要远远大于第二名的品牌影响力。只有做到行业里的第一,才能实现品牌的延展性,随之而来的不是简单的现金流和账面利润,还会产生边际效益和新的利润增长点。

只要是万达进入的产业,通过努力都做到了中国行业里的第一,并且追求着行业世界第一。王健林带着勇追第一的信心在商业领域昂首阔步。

2014年,武汉中央文化区的两个文化项目开业后,将成为名副其实的"中国第一街",说"世界第一街"也并不为过,因为全世界再也找不出一条能像汉街这样有着丰富内容的街了。

不论是做商业地产还是经营院线,王健林都在用一串串数据证明他"成为第一"的决心和实力。谈到企业持有的物业面积,王健林说,2014年估计能达到2300万平方米,会成为规模最大的不动产企业;2020年原定计划是5000万平方米,但是估计到那个时候会达到6000万平方米。

对于未来继续发力的文化旅游行业,王健林更是满怀信心,他认为,任何商业都有天花板,唯独文化产业没有,因为除了获得明显的收益,文化的品牌影响力更大。

他说,"我现在做文化、做旅游,都不是为了顺应一时半会儿的形势调整,是为万达今后20年储备核心竞争力。如果你做事情只看这一年两年,好了就猛做,不好就瞎做,这个企业一定不能成为行业龙头。"

他认为做企业永远要有自己储备的核心竞争力,要比别人领先一步。他曾公开表示:"我们进入一个行业就一个目标,要么做中国第一,要么就做世界第一。"如今,王健林又为它的商业帝国贴上了"文化产业"的标签,这艘刚起航不久的"文化航母"是否能创造新的奇迹,我们拭目以待。

4. 团队管理:制度管人严格执行

万达非常重视企业制度建设,王健林进入企业的第一周就搞了一个名为《加强劳动管理的若干规定》的规章制度。经营万达20多年来王健林搞出的制度更是数不胜数。

数量上有了保障,质量上也要提升。如今,王健林规定平均每两年就要修订一次制度,因为企业在不断发展,所以制度也要随之更新,有一些过时的要删除,有一些缺少的则要添加。修订的参与者从王健林到总裁、副总裁,以及各个部门,全部都要参加,修订过程一般历时3个月左右,在每年的9月开始。

王健林一直在强调,制度的字数不能增加,还要把事说清楚,要说有用的话,要有可操作性,实用第一。

万达商业地产起初有一个关于投资的制度,这个投资制度在修改之前只是简单地说明必须做什么样的投资,但是事实证明并不好用。于是,万达就把它编成了"商业地产投资100问",后来又把它合并成"商业地产投资50问"。这50个问题,就包括了"天上地下"的所有,且诠释得格外清楚。比如土地六通一平,地下有没有障碍物,有没有配套,当地的建设成本多少,人工成本多少,税费多少,等等。50个问题都规定必须用数字回答,"大概""基本上"这样的词语禁止出现,必须用明确的数字来回答问题。若能把这50个问题搞明白,对这个项目也就再清楚不过了。更重要的是等新员工到这个部门后,只要阅读这一本发展投资制度,就会非常清楚项目相关情况,可以很快投入操作。

再以万达的规划设计制度为例,万达把万达广场、万达酒店和文化旅游项目的投资分别划分成3个级别:A级店、B级店和C级店。划分级别之后,每一个等级都会制定若干条强制条款和非强制条款。例如,有很多消费者觉得万达的地下停车场特别敞亮,赞不绝口,殊不知这也是多年摸索出来的结果:万达规定停车场的高度必须达到4.8米。一般停车场的高度都只有3.6米,为什么万达要求4.8米呢?除了舒适度方面的原因,这也是为了若干年以后,能够安排机械停车位,将来倚仗成熟的技术,如今的两个车位可以做出5个车位,全部下来大概能增加70%的停车位。

万达的商业管理现在全球排名第二,至2014年年底随着商业地产面积达到全球第一，万达将成为全球最大的商业管理企业，而其在历史发展中也形成了十几本自己的制度，例如开业手册。

万达的开业手册不是只有简简单单的几句话，每本都有三四万字，甚至距开业多长时间之前商管就进场也有清楚的规定。A级店提前多少时间进场，B级、C级店提前多少；进场后要做什么工作，从第一周一直到开业后，每一周抓什么工作；每一个月商家达到什么程度，完成什么样的评估，等等，都只要照着制度执行就可以。万达开业手册最大的好处，就在于照顾到了没有参加过开业的新员工，无须特意教授，新人拿到这本制度后，就会清楚地知道应该干什么。除开业手册外的招商制度、运营制度、内装装饰要求等，也都非常细致周到，包括图片和操作流程，完全简单易懂。

因此，万达制度最大特点就是实用。万达曾投入十几亿元建了万达学院，可以同时容纳几千学员，学院院长曾让王健林题字，王健林大笔一挥，就写了两个字——有用，这也是万达学院最大的目标，培养出有用的人才，坚决不能培训完和没培训没什么区别。

制度也是如此，如果有制度和没制度区别不大，那么这个制度就是失败的。只有做到操作性极强，才能真正发挥制度辅助经营者管理企业、规范执行的重要作用。

海尔十分注重对员工工作绩效的考核。当管理人员和生产工人对工作自我审核后报上一级领导复审时，上一级领导将其工作进度、工作质量等内容与标准进行比较，评定出A、B、C、D不同的等级。

复审并不是重复检查，而是注重实际效果，并通过对过程中某些环节有针对性地进行抽查，来验证系统的受控程度，以强化企业整体管理。复审是"日日清"管理控制系统的关键环节。

海尔采取计点到位、一岗一责、一岗一薪的分配形式，通过复审,员工一天的工作成绩以及取得的报酬也就显示出来。管理人员根据不同管理岗位的工作要求确定基本薪金标准,再依据工作绩效考核来计算实得报酬。工人工资每天填在"3E卡"上,月末凭"3E卡"兑现工资。

最具动态特色的是,生产线上工人的工资都是根据质量责任价值券和"3E卡"每天计点到个人。工人人手一本质量价值券手册,其中内容整理汇编了企业以往生产过程中出现的所有问题,并针对每一个缺陷,明确规定了自检、互检、专检3个环节应付的责任价值及每个缺陷应扣多少钱。质检员检查发现缺陷后,当场撕下价值券,由责任人签收;操作工互检发现的缺陷经质检员确认后,当场予以奖励,同时对漏检的操作员和质检员进行罚款。

制度如果不适用,便是一纸空文。像海尔集团这种严格的制度管理和激励方式,不仅成为海尔造就名牌的坚实基础,而且使得企业的运行从无序到有序,从有序到形成体系,从系统实施到逐步演化成为每个员工的自觉行动,最终实现成功的一跃。

5. 绩效管理:考核必须量化

绩效管理是企业管理中的一个永恒话题,企业管理者们都在绞尽脑汁地想办法加强与完善企业的绩效管理,但是很多公司绩效管理结果还是很不理想。即使有的公司请了战略管理咨询公司,设计了很好的绩效考核管理方案,但是实际执行效果仍然不能令人满意。

企业管理的核心是战略管理,而战略管理的核心则是人力资源管理,人力资源管理的核心却是绩效管理。所以层层递进,最终还是回归本质,正如管理大师德鲁克所言,任何管理不在于形式,关键是看结果与绩效,不产生绩效的管理则是无效的管理。

在万达,王健林要求所有考核都必须量化,不要凭主观感觉。

对经营部门来说,量化不是件难事;但是对于非经营部门,比如人力资源中心要怎么量化考核呢?王健林自有方法,"每一年我们会把项目梳理出来,需要多少高管、多少一把手,需要招聘多少人;按照制定的储备制度,来决定至少需要储备多少人"。甚至针对某一类人提出要求,在规定的期限里必须完成到位,指标全部量化,必须严丝合缝,没有一点空子可以钻。只有将考核指标量化,才能彻底防止主观感觉的干扰,万达很清楚这一点。

万达还成立审计部,所有部门每年审计一次。审计之后会出现3种意见:第一种是管理建议书,没有任何处罚,只是对症下药提出建议;第二种是整改通知书,罚到什么级别要罚多少钱,都有明确的说明;第三种是审计通报,这是针对比较严重的问题,其结果基本上是开除。万达的审计异常严格,自实行以来也确实开除了不少人,几乎每年都会有人被送到司法机关。王健林说,党的三中全会提出来,私营经济财产同样不可侵犯,我觉得这非常好。这种内部审计制度对内部人员违规是很大的震慑。

因为奖惩严格、敢较真,万达的管理执行能力非常强。很多人都感叹万达的企业管理就像军队一样,概括来说就是4个字——令行禁止。

王健林不允许任何家人进入万达实际工作。太太拿到钱成立了自己的投资公司;儿子王思聪自英国留学归来后,一直担任万达集团的董事,自己在外投资竞技游戏产业;4个弟弟也循规蹈矩地在老家做小生意。"王健林是家里的长子,他在家说话,几个兄弟都不敢吭声",王健林的家庭性格是遗传了父亲的结果。

而对于外界关注的财富传承之事,已近天命之年的王健林给自己留了10年时间,在这10年里,王健林打算建设职业经理人团队,希望未来可以通过家族信托的方式传承财富。此外,问及子承父业之事,王健林说:"我给他(王思聪)两次失败的机会,两次失败后就要老老实实回归万达。"

在考核环节遇到重重阻力和困难,是很多公司在实施绩效过程中共同面临的问题。在这些公司的高层领导看来,绩效考核就是只看结果不看过程、把员工分出三六九等的工具。在中层管理者眼里,考核更是企业用来管制员工的工具。对他们来说,绩效考核仅仅是他们对员工要做的事,那么冲突将不可避免。

其实,反过来,如果把考核看成是双方的一种合作、提高员工绩效的过程,将会减少冲突。绩效管理不是仅仅讨论绩效低下的问题,而是讨论成就和进步的问题。重点放在这三个方面时,员工和经理是站在一起的。当员工意识到绩效管理是一种帮助而不是责备时,他们会更加合作和坦诚。为实现这一目标,公司需要在考核的制度上作出相应的转变。

绩效考核一般有三种方式,排名法、层次评级法、目标和标准评价法。在这三种方法中,排名法和层次评价法极为流行,特别是在管理理论西学东渐的热潮中,中国企业管理人员对此如获至宝,权力掌控欲望强烈的管理人员将其作为一种控制员工的高效方法。但排名法违背了绩效管理的初衷,并不值得提倡。它是根据一些设定的尺度(例如销售额、管理能力等)对员工相互比较,以确定某位员工与他的同事相比是好、相同还是差。

排名系统可能会短期刺激一些员工更努力的工作，以取得头名。但从长期来讲，对组织是有害的。一位员工欲取得好的名次，只有两种途径，一种途径是通过自己的不断努力，创造出高水平的绩效，这是管理者乐于见到，对组织绩效提升也多有裨益。遗憾的是，管理实际中的经验告诉我们，这并不多见。另一种途径是他们想尽办法压低同事的工作绩效，为他们的工作设置障碍。显然，在排名系统里，由于参照标的就是同事，所以同事工作绩效低就意味着自己的高绩效。在这种紧张的氛围里，团队精神往往被弱化，员工之间开始钩心斗角，互助合作也成为表面文章，因为他们明白，帮别人就是损害自己的利益。长此下去，容易形成官僚化的文化，团队精神的丧失会渐渐侵蚀组织的健康。

与之相似，把员工分为A、B、C类的评级方式也有明显的缺陷。评级方式太过模糊，在计算绩效、预防问题和保护组织、发展员工方面没有什么作用。而且，评级的方式比较肤浅，虽然比较容易评价，但没有多少作用，甚至是负作用远大于正向效应。

而目标和标准评价法是根据一系列事先同员工协商制定好的标准来度量员工绩效的方式。目标和标准评价法在制定目标阶段，需要经理和员工深入沟通，在执行和反馈时，也需要双方的多次协调，这种建立在深入沟通基础上的考核，有助于组织协调单位之间的工作，有助于使个人的目标和组织的大目标相一致。当然，目标和标准评价法比评级法和排名法对经理和员工的要求都高，经理和员工都需要投入时间，但毫无疑问，这是最好的评价方法。

6. 流程管理：商业流程中国式创新

流程管理的组织体系与流程管理的业务体系不建立起来，单个流程的优化就没有方向，也不能完成企业的主动行为，自然难于持续有效地开展下去。由于很多企业没有把流程管理视为提升工作效率、提升企业竞争力的关键管理手段，因此在这方面存在严重的不足。

那么，企业如何建立高效的流程管理体系呢？

"做商业地产，不是仅仅模仿、照搬照抄别人的项目和模式就可以了。上个月有一个人问我一个问题，让我用一句话概括万达成功的经验。我想了一下，要概括万达的成功，就是商业模式的不断探索与创新。"

在王健林的眼里，万达做的事情是在延续有着60年历史的传统产业，"不同的是我们不断吸收别人的经验和做法，并把整个商业流程进行了中国式再造。"

王健林表示，国外的社会分工比较细，专业化程度比较高，往往一些商业中心都不是由一个企业单独完成，而是由房地产信托基金机制来提供支持。

然而，房地产信托基金目前在中国尚处萌芽状态。于是，万达在这方面做到了极致——成立全国唯一的商业规划研究院、商管公司和自己的开发公司，把上中下游结合在一起，慢慢积累，形成一个完整的产业链。

对于企业模式的建设，王健林也发表了独到的见解。"万达是全产业链，很少有人这么做，甚至国内做商业地产的几家公司都没有形成全产业链,没有自己的强大管理团队。"王健林说,"万达这样做的好处是把所有发现的问题提给规划院,规划院立刻进行改造。一点点地就形成了核心竞争能力。"

王健林笑言:"卖汉堡,美国人很多年前就卖,但是形成了连锁后,就需要设计一种新的模式,既不需要复杂的技术,又要完全保证全世界吃的都是一种口味。而我们做的就是这种模式。"

商业地产、订单地产、城市综合体、REITs(房地产信托投资基金)、全产业链,王健林几乎每年都会在商业地产领域推出新的概念、业态和模式。就是这种把传统商业的做法进行流程模式的再造,一下子令万达赢得独特的,甚至是别人没有办法模仿的核心竞争能力。

能否通过制度及流程来管理,是公司能否做大的关键。很多公司规模小的时候赢利能力很强,一旦规模做大,虽然销售额在不断上升,但赢利水平却在不断下降,原因之一,就是在管理上仍然靠人治而不是流程,结果导致管理混乱,各种成本急速上升。

维护流程,意味着我们不会片面地追求效率而忽视工作质量。当今社会,速度虽然很关键,但只追求速度是不够的。顺驰房地产公司,曾经创造了"顺驰速度"的奇迹,但奇迹终究没能延续,而在某个时刻戛然而止。由于过于冒险及疏松的运营管理,顺驰公司的资金链在宏观政策巨幅调整下终于支撑不住,最终以12亿元的"跳楼价"将自己托付给了路劲基建公司。

是什么让顺驰的"速度奇迹"难以继续?

答案就在对流程和制度的执行上。据了解顺驰公司的人透露,顺驰在内部管理方面曾经有一套非常完美的工作流程和制度,但由于公司片面强调发展的速度,而忽视了内部管理,最终造成了"有法不依""执法不严"的局面。显然,脱离了制度和流程的执行即使有效率,也不会有效益。据说,在顺驰的个别子公司,普通员工都可以越级签署数百万的合同,这样混乱的管理,公司又如何能持续发展?

任何被视为奇迹的事物,往往都很难延续,因为它来自一个超越了常规的历程,身处其中的人们,因此而获得巨大的利益,不可能摆脱那些让他们终生难忘的际遇,他们相信那就是命运,他们总相信每次都能鸿运高照,每次都能侥幸胜出,最后,所有的光荣往往枯萎在自己的光环中。

这段话石破天惊地指出了为什么中国企业总是在创造奇迹,却又总是做不长久的原因。因为我们总是靠机遇,靠侥幸心理来创造辉煌,而不是像万达那样实打实地练好基本功。

基本功是什么?就是制度、流程。只有大家都遵守制度,执行流程了,公司的基础才扎实,才能可持续发展。

员工和公司是一荣俱荣,一损俱损的关系。公司效益好,员工的收入就会得到提高;公司效益差,员工也不会有很高的收入。这就要求每一位员工都要把公司的利益当成自己的利益,扎扎实实地去执行公司的各种制度和流程,努力为公司的发展打好基础。

7. 人文管理:军营式的企业文化

王健林曾用6个字概括万达的企业文化:军队、学校、企业——万达首先是一支部队,然后才是一家公司。他很坦然地承认,万达现在的作风,与自己的从军经历有一定的关系。

离开部队近30年后,王健林仍保留着军人的作息习惯:每年只给自己一周休假时间,而且不是连休。平日里,只要不出差,他总会比公司规定的上班时间早半小时到达办公室。一位万达内部人士在接受记者采访时也佐证了这一点:"他很守时,开会和活动都是准时出现,也不喜欢别人迟到。"

每周六早上,集团相关部门都要开会对项目施工图进行讨论,王健林一定亲自参加。他会戴着金边眼镜坐在桌边,用尺子细细量着图纸,相关部门的高管围站在一旁。不满意时,他端起茶杯,皱起眉头,甚至重新画一遍。2014年10月25日,当他按惯例开完会正准备离开,一位高管走上前来,递上一束花。原来,此前一天正是王健林的60岁生日,而他自己似乎忘了。

王健林对自己的另一个要求是,每天上班必须佩戴胸牌,虽然整个万达没有人不认识他。他说:"这是制度。我在公司里有一句话,要求别人做到的,我自己首先做到。这是军队传下来的传统。"

关于万达的管理制度,一位万达员工提炼了3个关键词:正装、打卡、制度。

"每天,大多数万达职工都会比规定上班时间早那么一点来到单位,因为这时候还能穿自己的衣服,八点半以后再出现在公司,就必须是严格的正装了。"曾经,一名集团中层"放松警惕",领带没系紧,却偏偏在电梯里碰上了王健林。还没等他开口,这位中层已经语无伦次地解释起来:"我脖子太胖,领带都系不上了……"王健林在公司不怒而威的形象,由此可见一斑。

与别的公司不同,万达不仅早晚打卡,中午也要打卡。按照公司规定,一旦迟到次数超过5次就要辞退。

经过20多年的积累,万达各项制度的汇编一度多达好几本书,近200万字。几度精简,现在到80万字了。

在员工总结的这些关键词之外,王健林还有一套创新的管理模式,即"模块化管理"。他曾这样解释这套管理系统及自己的初衷:在专业软件的支撑下,将一个项目分解成300多个步骤,以及3个级别的关注节点。总裁、副总裁关注一级的80多个节点,下一层级负责人关注二级的100多个节点,直至地方分公司和基层,这样能保证各个层级的人各司其职。"建造、招商、软件、设计,每个人哪一月、哪一周、哪一天要干什么事,都会非常细致地编进去。"

赏罚也是分明的。某个员工的工作如果一周没完成,系统会"亮黄灯"以示警告,连续第二周也没完成,就会"亮红灯"。一旦亮红灯,根据一、二、三级不同级别的不同节点,会有不同的惩罚。2012年,昆明项目亮了红灯,相关总经理便被开除。

一系列严苛的制度及高科技系统,让王健林的个人意志能传递到每一位员工,这保证了万达强大的执行力。

在执行力方面,王健林的管理是军队化的。完不成任务就必须按集团的制度拿下,没有商量的余地。但具体到员工待遇上,王健林又崇尚家庭式的关怀。

万艳(化名)是从武汉汉秀开业那天起加入这个团队的。谈到万达的员工待遇,她的第一反应就是:"万达的食堂都很好,好吃,也放心,不用再考虑工作餐怎么解决的问题。"这一点,《环球人物》杂志另两路记者在北京、大连采访时,都得到了印证。

由于王健林的军人背景,大家在谈起对食堂的满意程度时,常用"半个指导员标准"这一说法。据一位万达内部人士透露,万达食堂的蔬菜来自集团位于延庆的有机农场,每天凌晨3点左右,农场员工就起床采摘,大约5点开始配送,7点前送到万达集团总部,"这几天食堂正举办美食节,有很多好吃的东西。"

职工食堂里有一个单间摆放着一张大圆桌,是王健林和集团高管吃饭的地方。他是工作狂,每天早早到达公司后,总会一个人坐在大圆桌边解决早餐:稀饭、馒头、咸菜,通常10分钟搞定。

办公区的空气质量也是王健林关注的事情。2012年,面对日益频繁的雾霾天气,他斥资近400万元对办公楼的空调系统进行了改造,使90%以上的PM2.5污染物被去除。在PM2.5爆表的时候,万达员工仍然可以呼吸到新鲜空气。这是他们引以为傲的一件事。

考虑到基层员工工资不高,王健林设置了岗位工资,按照每一年万达工龄折算为100元月薪的标准发放。如今,万达的一些老员工已经工作了近20年,每个月仅岗位工资就有2000元左右。对于普通职工,这是一笔不小的收入。此外,员工家中如果有长辈去世,集团也会单给一笔抚恤金。

王健林爱读书,常自己动手写演讲稿,从不用秘书代笔。从2003年开始,他会在每年初的工作报告中,给员工们推荐一本书。从《情商》到《论语》,他希望员工能通过读书做到自知,学会与人相处,控制自己的情绪。这些书,上至高管,下至基层员工都要读,读完还要写心得,开读书会。在读书会上获奖的员工,会得到U盘、书籍等奖励。对于万达的文化氛围,王健林有自己的理解:"人生追求的最高境界是精神追求,企业经营的最高层次是经营文化。"

8. 合作双赢:授人玫瑰手留余香

万达商业规划院负责人表示:"我们会根据区域的发展前景与未来的商业规模,研究出一个适合双方发展的可行性方案,建议商家该如何做。这是我们之所以能够领跑城市综合体的一个原因……"

王健林的谜 万达的那套办法

除了项目自身的优势之外,万达还会为每一位合作伙伴提供一套切实可行的设计方案,帮助商家尽快地获得商业回报。很多入驻的商户都因此受益匪浅。在这点上,万达成功赢得了越来越多的品牌商的心。

企业的合作者,往往是利益的相关者,帮助合作者的同时也就是在帮助自己。正所谓"授人玫瑰,手留余香",商业就是在这种互帮互助中发展起来的,交易过程本身就是一种彼此之间的帮助,一方帮助另一方满足需求,作为交换另一方回报给其所需的。互帮互助是一件利己利人的好事情,因而企业应具有这一古老的传统美德。

竞争与合作是相辅相成的,是相互平等的互为补益的关系,但是由于现今社会竞争现象的普遍出现,对于合作方面,一些人就好像是不那么的重视。现今社会中,有很多人认为,竞争就是你死我活,竞争的双方就不能有合作的机会,他们似乎注定是为利益而对立的"冤家"对头。其实,如果要在竞争与合作之间选择的话,选择合作的人才是聪明人。

"商场上没有永远的朋友,也没有永远的敌人"。这蕴含哲理的名言揭示了竞争与合作的辩证关系,竞争不排斥合作。美国商界有句名言:"如果你不能战胜对手,就加入到他们中间去。"现代竞争,不再是"你死我活",而是更高层次的竞争与合作,现代企业追求的不再是"单赢",而是"双赢"和"多赢"。

还记得2012年在中国经济年度人物颁奖盛典上王健林跟马云打的赌吗?王健林当时说:"电商再厉害,但像洗澡、捏脚、掏耳朵这些业务,电商是取代不了的。"而他和马云赌的是,到2020年如果电商在中国零售市场份额超过50%,王健林将给马云一个亿;如果没到,则马云给王健林一个亿。虽然一年之后,让人有些失望的是，王健林突然站出来解释说，打赌只是为了给活动暖场而开的一个玩笑。赌约的真假姑且放置一边，在一年的时间里，电商对于王健林来说必然是一个绕不开的话题，所以他才会说"适者生存"，"互联网和实体经济是融合态势，不融合早晚会遭遇瓶颈。"

万达作为一个拥有商业地产、高级酒店、旅游、电影院线和连锁百货五大核心产业的综合商业体，覆盖了衣食住行的方方面面，大致上形成了完整的消费闭环。用王健林的话说，"万达拥有中国企业独一无二的线下资源，有100多个广场，接近100家酒店，过几年后还有若干个大型度假区，这么几十亿人次来来往往，这么丰富的线下资源为什么不利用呢？万达有丰富的零售资源，不做电子商务太可惜。"

在可惜的背后，必须看到万达的商业综合体还未形成真正的消费闭环，尚缺少关键的一环——整合网站。而电商平台正是承载这一重任的最适合平台。

"双十二"当晚，万达电商万汇网和独立APP上线，王健林在宣布"亿元赌局作废"的同时牵起了阿里巴巴的手。作为万达广场的O2O智能电子商务平台，万汇网业务将涵盖百货、美食、影院、KTV等领域，隶属于万达集团，实时为用户提供广场活动、商家资讯、商品导购、优惠折扣、电影资讯、美食团购、积分查询、礼品兑换等资讯与服务。

万达的电商项目筹备已久，在此次试运行期间，万汇网仅在大连、武汉、福州、郑州四大城市的6个项目运营，随后范围将扩展至全国所有的万达项目。

不难看出，万汇网的内容实际就是万达广场。但王健林指出，万汇网不同于淘宝、京东的电商模式，"万达的电子商务平台绝对不会是淘宝，也不会是京东，而是完全结合自身特点的线上线下融为一体的O2O电子商务模式。比如,消费者在万达百货消费,商家拿出1%~2%等值货币类积分来支持。成为会员以后,可以在所有万达广场,以及万达旗下的各种业态,包括在度假区、酒店,享受等同于货币的积分消费。"

与淘宝、京东不同的是,万汇网目前更像是万达广场的内容展示平台,比如服装的款式、价格等,暂不支持线上实物购买,只提供部分服务的团购和优惠券。

尽管只是试运营,但这很可能是万汇网的最终模式——万汇网仅仅是万达广场的一个展示窗口,而非直接的销售途径。王健林表示,希望通过万汇网整合万达广场的客户资源,"我们有准确的光电计数,比较保守地估计,2015年大概会有接近140个万达广场,平均每个广场2000万人,一年有超过20亿人次会进万达广场"。

在我国经济生活中,有一种"龟兔双赢理论"。龟兔赛了多次,互有输赢。后来,龟兔合作,兔子把乌龟驮在背上跑到河边,然后乌龟又把兔子驮在背上游过河去。这就是"双赢",竞争对手也可以是合作伙伴。

瘸脚兔子因骄傲在第一次赛跑中失利之后,进行了深刻的反思,并决心和乌龟作第二次较量,乌龟接受了瘸脚兔子的挑战,结果这次瘸脚兔子轻松地战胜了乌龟。乌龟很不服气,它主张再赛一次,并由自己制定比赛路线和规则,瘸脚兔子同意了,当瘸脚兔子遥遥领先乌龟而扬扬自得时,一条长长的河流挡在了面前,这下瘸脚兔子犯难了,坐在河边发愁,结果乌龟慢慢地赶上来,再慢慢地游过河而赢得了比赛。几番大战后,龟兔各有胜负,它们也厌倦了这种对抗,最终达成协议,再赛最后一次,于是人们看到了陆地上兔子背着乌龟跑,水中乌龟背着兔子游,最后同时到达终点……

我国相传已久的古训是："四海之内皆兄弟"，"互相关心，互相爱护，互相帮助"，更成为时代的风尚。但也要看到，有些地方过多地强调个人奋斗，而忽略了应该怎样与他人合作以取得成功，更忽略了如何在竞争中不伤害别人。目前一些人中流行"丛林哲学"的价值观，即所谓弱肉强食，优胜劣汰。为了达到个人目的，可以不择手段，这无疑是极不可取的。要知道，竞争以不伤害别人为前提，竞争以共同提高为原则。竞争不排斥合作，良好的合作促进竞争。在竞争中互相帮助达到双赢才是目的。

俗话说："一个篱笆三个桩，一个好汉三个帮。"想成就一番大事，必须靠大家的共同努力。诺贝尔经济学奖获得者莱因哈特·赛尔顿教授有一个著名的"博弈"理论。假设有一场比赛，参与者可以选择与对手是合作还是竞争。如果采取合作策略，可以像鸽子一样瓜分战利品，那么对手之间浪费时间和精力的争斗不存在了；如果采取竞争策略，像老鹰一样互相争斗，那么胜利者往往只有一个，而且即使是获得胜利，也要被啄掉不少羽毛。纵观古今中外，凡是在事业上成功的人士不都是善于合作的典范吗？现代社会中的现代企业文化，追求的是团队合作精神。所以，不论对个人还是对公司，单纯的竞争只能导致关系恶化，使成长停滞；只有互相合作，才能真正做到双赢。

第八章

识别决策的心理效应，跳出执行的习惯误区

1. 保持决策速度就要"找大公司病"

不懂得预见的领导不是真正的领导。在任何组织中，只有领导者具备了预见功能的必要特质，才能高瞻远瞩，因势利导地制定出赢在起跑线的路线、战略，才能起到领路人的关键作用，打造出组织经久不衰的核心竞争力，使组织实现可持续发展。

管理者，可以做错决策，但不能不作决策；可以独断专行，但不能犹豫不决。

曾经有人问王健林："一般来讲我们提到大公司的时候会提到成长到一定的时候，决策链会放缓，会有很多的大问题。万达已经是中国很大的房地产企业了，在决策上是比较快的，怎么样能保证在

企业做大了以后，还是很有效地调配公司内部的资源，还是很有效地做到你的决策是很短的，而且是跟市场很接轨的呢？"

王健林回答说："很重要的一点，我在公司里每一年都要开一个会议来找大公司病。现在我们可以做到几十亿美元了，我就害怕我再发展下去五年、十年，我可能做到200亿美元的时候，我跟欧美的企业是一样了，我可能一个决策也许要半年，也就害怕这个，所以我的公司里每年最有效的办法，就是大家开会，每个人都提出问题，怎么能减少决策的时候，开一个汇总会，大公司的表现是几条，我们分析出来克服它。当然这并不是说不考虑风险，不管怎么样投还是有一个投资角色委员会，还是要投票的。不可能随便地进行。那是容易出风险的。"

美国麻省理工学院一位著名的管理学专家认为，作为领导者，在其综合素质上，有三方面是属于核心能力的，即决策、用人、专业。而这三方面侧重点又各不相同：对于领导者来说，最重要的是决策，占47%；其次是用人，占35%，专业只占18%。市场就如同一个没有硝烟的战场，同行业之间的竞争已经发展到了白热化的程度。谁在经营管理决策上善于筹谋、具有前瞻性，谁就有可能在市场上领先一步，抢占到制高点，并保持永不落后市场的结局。而相反，如果目光短浅，只顾眼前，缺乏长远思想和深谋远虑，其结果只能是永远当"追随者"。

王健林认为：中国的公司决策是很快的，因为中国的公司还不大，500强比较少，因此官僚作风也比较少。而且中国除了国有大公司，中国的民营公司绝大部分是创始人公司，创业者都还在，没有超过第二代。它的特点是决策的过程比较短，比较快，比较容易做出决定,缺点是对风险的判断不太够。

但在中国这个市场上,你会发现十年前你的一个打工的人,完全是一个伙计,十年后他突然开着奔驰在很好的写字楼上班,他已经成为了一个老板。这种成功的机会,在现在市场快速变化的时候非常多。在机会非常多的国度里,你的决策如果很慢,按照欧美的做法做调查研究,经过股东会再做出决定,市场机会就跑掉了,所以在中国做生意一定要快,只有决策快的公司才可以跑得快。

在紧急时刻,我们往往缺少力挽狂澜的气魄与机智的决策,糊里糊涂地踏上一条离目标越来越远的路,仍沾沾自喜地认为这是脱离困境的正确选择。我们被纷繁复杂的世界搞晕了,看不清最本质的问题,只去抓一些无关痛痒的细枝末节,结果当然很糟糕。只有抓住最核心的问题,才能对症下药,使个人、团队、组织与企业赢得成功。决策能力不是与生俱来的,一个人的决策能力不是在偶然中进发的,也不是从别人那里得到的。它需要从我们成长的环境中培育:家庭、学校和职场。

每个人都是个决策者,日常生活的各个方面都需要做决策。

企业经营管理者每天都必须对企业面临的各种问题做出决策——在复杂多变的环境中,管理者必须在信息不充分、情况不确定的情况下做出影响个人和企业命运的决策。在这种情况下,个人和群体的决策心理和行为方式都对决策起着无形而巨大的影响,识别决策的心理效应、跳出决策的心理陷阱、改善决策的心理过程是提高不确定性决策效果的关键。

那么,做决策时,我们应该考虑什么?

(1)决策质量的重要性。

决策有较高的质量要求吗?是否由于质量要求而使得某种决策

方式比另一种方式更合理？对决策质量的要求影响决策方式的选择：时间压力不大、问题能否解决事关全局、需要发挥创造性、需要被下属广泛接受时，要采用团体决策；时间紧迫、问题能否解决不影响全局、有先例参考时，可以采用个人或小组决策。

(2)管理者为做出高质量的决策所掌握的信息和技能的程度。

为做出高质量的决策，管理者掌握了足够的信息吗？管理者的技能是否有利于做出高质量的决策？如果只是信息不够，那就需要从多方面收集信息；如果只是技能不够，那就需要依靠领导小组的集体智慧；如果信息和技能都不够，那就要尽可能地集思广益了。

(3)问题的结构性程度。

需要解决的是什么结构类型的问题？结构良好的问题(问题直观、目标明确、信息清楚且完整、方案结果确定、有先例)一般按照相应的规则与政策采用程序化决策；非结构性问题(问题新颖、唯一、不经常发生、信息不完全且模糊、无先例)一般要创造性地采用非程序化决策。

(4)下属对决策的接受或赞许程度是不是有效执行决策的关键。

是不是只有下属所接受的决策才能有效地执行？如果下属心里没有接受决策，但决策确实需要贯彻执行时，是否有相应的规章制度保障下属不能故意犯错？如果相应的规章制度不够完善，管理者一定要设法提高下属对决策的接受程度。只有下属接受决策，才会认真执行决策。

(5)管理者自行决策被下属接受的可能性。

是否只有通过团体决策，下属才能够接受？如果管理者自行决策，是否肯定能为下属所接受？这需要管理者对自己的真实影响力(包括经验、权威、知识、水平、魅力、权力、人缘等多种因素)进行评估。简单地认为自己做出的决策只要没人反对，就是普遍接受，这对于解决问题是有害无益的。

(6)下属对明确清晰的组织目标所表现出的积极程度。

下属是否把解决工作问题所要达到的组织目标当作自己的目标？如果下属认为公事是公事、私事是私事，"公私分明"，这肯定是不行的。管理者一定要设法将组织的目标转化为下属的目标、将组织的利益转化为集体的利益，毕竟"人们的一切奋斗都与他们的利益有关"。

2. 万达最大的风险就是决策危险

王健林认为：企业一般经营中的风险还比较好控制，万达最大的风险就是决策危险，直白地说就是如何预防我一个人说了算。当然万达拥有几十个购物中心和五星级旅店，没那么容易垮掉，即使退休了生活生计也没有问题，但是要为很多的员工着想。率直地说，永远以"小心翼翼、小心翼翼"心态经营企业。由于我既是万达的首创人、大股东，这个人又比较强势，所以一不小心很容易形成我一个人说了算的场合排场。有制约才能规避这种危险。

领导者最关键的任务就是做出正确的决策，但决策不易。

那么，决策究竟难在哪些地方呢？

决策的第一个难点：环境多变。

人们很难全面了解一件事情，虽然我们特别希望客观地了解，希望对形势有一个比较全面的分析，但是信息毕竟有限，即便客观环境也仅仅是你心目中的客观。

北大的讲师说："人们其实不是在纯粹的客观环境中行动，而是在特定的行为认知环境中行动的，而行为环境往往取决于行为者的心态和思维。"

北大经常讲这样一个案例：

一个骑士在夜行中迷路了，那天晚上正好有暴风雪，遍地白茫茫一片，所有的路、周边的山全是白的，他不知道哪里是路。于是，他骑着马，焦急但很无奈地寻找合适的道路。突然，他发现前面远方有一点亮光，心里很高兴，就催马奔着亮光走去。他觉得走了很长的路，终于到了亮光前面，原来是旅馆门口挂着的一个灯笼。于是，他赶紧下马把雪抖落干净，兴奋地敲门。一位侍者开了门。

骑士忙着问："先生，这是旅馆吧？"

开门的侍者说："是的，是的。"接着，他问骑士："您是从哪里过来的呀？"

骑士回答："我就是从前面这条路走过来的呀。"

侍者当时脸色苍白，目瞪口呆，问："先生，您到底是从哪里来的？"

骑士感到很奇怪，说："我不是告诉你了吗？就是刚刚从这条路走过来的，马蹄印还没完全被雪覆盖掉呢。"

侍者说："先生，您知道吗，您走过的根本不是一条路，而是一个湖，湖的直径是13千米。"

也就是说，骑士是从宽阔的湖面上一路骑马过来的。如果湖面冰薄一点人就掉进去了，连影子恐怕也找不着。湖水很深，冬天里平时根本没有人敢从结冰的湖面上走。

骑士听完，顿时倒在地上，死了。

他被吓死了。

他被自己吓死了。

这个故事的典型意义在于,在许多环境下,人的行为不是在纯粹的客观环境中行动的,而是按照行动者心中自己认为的客观环境中来行动的。如果这位骑士早知道那是一片水很深的湖面,他还敢那么毫无顾忌地走过来吗?

这就是做出正确决策的难点所在,因为在有限的时间和有限的条件下,领导者不可能将所有需要了解的事情全部了解清楚。

决策的第二个难点:决策者的选择很多,但是做决策的时间很有限。

不少著名企业的失败不是因为缺少资金,而是因为资金太多;不是缺少好的项目,而是好的项目太多;不是由于宏观环境对企业不利,而是太有利了,到了几乎要什么给什么的地步。结果是,领导者让所有帮助他的人失望了,最后轰然垮台,如托普、科龙等,这些企业领导者面前的机会太多了,选择太多了,但是再多的选择,你一次也只能选一个,而且没有充足的时间。

给你的选择虽然很多,但是时间却有限。

假如给这些决策者以充足的决策时间会如何?

等很多事情都看明白了再决策,那就根本不需要决策了。

我们总是在有限的时间内,对这些杂乱的、庞大的、不准确的信息做出判断,结果可能失败、也可能成功。这就是选择的多样性和决策时间的有限性所形成的一对矛盾,给你的正确、迅速地决策造成了困难。

决策的第三个难点:我们手上的关键信息总是显得太少了。

相对于决策要求,我们手头所能掌握的关键信息总是显得比较少,这就是经济学中常说的信息不对称。

即使你手头有了一些很有价值的信息,但是很多情况下是事后才发现很有意义,这就考验了决策者对信息的分析能力。

信息太多或者信息太少,都是一种阻碍,决策需要丰富的经验和知识,而丰富的知识和经验都需要学习。我们经常讲:"书到用时方恨少"。社会在变化、时代在变化、情景在变化、情绪在变化,我们学习和提高的速度远远赶不上这些变化的速度。同时,在决策过程中,我们往往会犯一些类似甚至同样的错误。人们有时即使知道会犯类似的错误,可还是要重蹈覆辙。因为面临的诱惑太大,决策者往往忘记了当初的失误或失败,可谓好了伤疤忘了疼。

正是基于此,GE的前任CEO韦尔奇曾说:"作为一个刚入行的领导者,我最初做出的决策只有大约50%是正确的,但即使又过了20年,我认为自己做出的决策仍有20%是错误的。"

决策的第四个难点:决策时常常会受到情绪的支配。

北大的一些学者提出了一种思维方式,叫黑天鹅思维。

当人们在澳大利亚发现黑天鹅之前,大家的脑子里一直认为天鹅都是白的。后来才发现真的有黑天鹅,黑天鹅的出现告诉我们一个基本的道理:你不知道的事可能比你所知道的更重要。

所谓的黑天鹅思维是一个不确定思维,就因为不确定,所以领导者的决策才难。

当你进行决策时,那一时刻的情绪肯定会对决策造成一定的影响。盛怒之下的刘备决定攻打吴国,结果被火烧连营而命丧白帝庙;狂热的希特勒被希腊激怒而转身南下,忘记了更重要的进攻目标——苏联。而我们的很多企业家也常常为情绪所支配,难逃情绪"黑洞"。

3. 执行力是企业管理成败的关键

发展速度要加快、规模要扩大、管理要提升，除了要有好的决策班子、好的发展战略、好的管理体系外，更重要的是要有企业中层的执行力。

中层经理人既是执行者，又是领导者。他们的作用发挥得好，是高层联系基层的一座桥梁；发挥得不好，是横在高层与基层之间的一堵墙。企业决策层对各种方案的认可，需要得到中层的严格执行。如果企业全体中层队伍的执行力很弱，与决策方案无法相匹配，那么，企业的各种方案是无法实施成功的。

很多管理者都乐于布置任务、做决定，但真正执行有效的管理者，都擅长使布置下去的任务和做出的决定得以执行。要改善执行部门的执行力，就要把工作重点放在这个部门的管理者身上。

可以这样说，一个好的执行部门能够弥补决策方案的不足，而一个再完美的决策方案，也会死在滞后的执行部门手中。从这个意义上说，执行力是企业管理成败的关键。

王健林认为：万达执行力强突出表现在两个方面。

第一个是说到做到，我们在开工的时候，就确定开业时间。所有的万达广场、酒店，当然包括现在的院线等，开工时内部就会有一个文件确定什么时候开业。我们在每年9月召开万达商业年会，有超过2000个商家参加。在会上，我们就公布第二年所有的万达广场、酒店以及其他所有项目的开业时间。大家就会觉得很奇怪，为什么我们要提前一年多就向社会公布？不是给自己套绳索吗？这源于一种换位思考，如果我告诉别人五一或者是十一或者是春节开业，商家准备的物料、人数是完全不同的。比如我说五一开业，商家人员物料配备都齐了，但是我说对不起，要十一了。尽管产品上没有太大损失，但是他招聘的员工半年工资可能就会吃掉他相当大的利润。所以我们一定要准时开业，让别人准备。为什么我们的开业招商不存在问题，有很多人跟随，这是原因之一。

第二个是算到拿到。房地产行业，特别像不动产领域是一个长周期的过程。不动产的生产周期，我们可以做到两年一个，很多企业是三四年。这么长的生产周期，成本控制是非常困难的，而且还是非标准化生产，不同的地段要设计不同的形式，不同的区域要安排不同的商家。在北方卖得好，在南方不一定卖得动。这样的情况下，一般企业从开工到竣工决算，超支15%～20%是正常的。万达这么多年来，所有不动产项目，差不多有100多个，我们的决算成本都是低于我们的预算目标的，或者说净利润高于我们的目标。算得到拿得到才是本事。一个项目挣10个亿，结果最后只有5个亿，原来测算的现金流什么的都要崩溃了。我们在武汉做了两个超大型的文化项目，这个项目是2009年开始设计测算，2010年开工，到现在历时超过5年，一个20亩，一个30亩，这么大的文化项目，我们一边琢磨，一边建造，从目前来看，全部在我们的成本控制范围之内。不仅说到做到，而且算到就拿到。从核心来讲，作为不动产行业就是靠成本控制的功夫。

在1995年5月25日的业绩发布会上，柳传志曾指出，联想要做长期的公司，要踏踏实实把公司业绩做好，不给投资者"造梦"。1995年，香港联想公司大亏损，柳传志并没有因此拖延业绩公布时间，而是提早采取行动，发出业绩警示通告，按时向投资者和股民说明情况,如实地说明公司的现状和未来的发展战略以及对决策层的调整。联想的股价在这一阶段虽然有大幅度的下跌,但联想的信誉却得到了空前的加强。在联想业绩回升的时候,他们给了联想极大的支持。1998年4月16日,联想在香港股市上配售15亿股,只在下订单后的两小时内,就超额认购了4倍。

由此可见,一个具有优秀执行力的公司无不是上到企业领导、部门主管,下到员工都具有超常的执行力的,而且领导、主管的执行力更起着关键性的作用,一方面企业大的决策、管理要靠他们去落实,而这些都是关系到企业生死的大问题,另一方面领导、主管的执行力具有示范作用,能够影响下面的员工。

主管的执行力受许多因素的影响,有客观的因素,也有主观的因素,主要有:

(1)认识水准。

这是影响主管执行力最重要的因素,有的主管认为主管只要管理下属就行了,没有必要做事。因此他们整天只管发命令、分任务,而不去关注下属的执行进度、程度与水准,结果只能是上下沟通不畅,执行结果远远偏于当初构想。

(2)思维能力。

思维能力包括演绎思维和归纳思维两方面。演绎思维是指在理解问题时将其拆分成更小的部分,通过一步一步符合逻辑的演绎,排除不相关的资料,找出事物发生的前因后果;归纳思维就是运用已有的概念和理论作归纳性的分析和总结。执行力要求快速行动、简洁明快。因为当代世界,速度起主导作用,速度就是一切,快慢决定成败。

(3)团队精神。

团队精神不仅仅是对员工的要求,更是对主管的要求。团队合作对主管的最终成功起着举足轻重的作用。据统计,管理失败最主要的原因之一是主管和同事、下属处不好关系。某公司有两位刚从技术岗位提升到技术管理职位的年轻主管:A主管和B主管。A主管觉得责任重大,技术进步日新月异,部门中又有许多技术问题没有解决,有紧迫感,每天刻苦学习相关知识,钻研技术文件,加班加点解决技术问题。他认为,问题的关键在于他是否能向下属证明自己在技术方面是如何的出色。

B主管也认识到技术的重要性和自己部门的不足,因此他花很多的时间向下属介绍自己的经验和知识。当下属遇到问题,他也帮忙一起解决,并积极地和相关部门联系及协调。

三个月后,A主管和B主管都非常好地解决了部门的技术问题,而且A主管似乎更突出。但半年后,A主管发现问题越来越多,自己越来越忙,但下属似乎并不满意,觉得很委屈。B主管却得到了下属的拥戴,部门士气高昂,以前的问题都解决了,还搞了一些新的发明。

对主管而言,真正意义上的成功必然是团队的成功。脱离团队去追求个人的成功,这样的成功即使得到了,往往也是变味的和苦涩的,长期下去对公司是有害的。因此,主管的执行力绝不是个人的勇猛直前、孤军深入,而是带领下属共同前进。

要做一个优秀的执行者,应该有意识地提高以下八项能力。

第一,领悟能力。

做任何一件事以前,一定要先清楚上司希望你怎么做,然后以此为目标来把握做事的方向。这一点很重要,千万不要一知半解就开始埋头苦干,到头来力没少出,活没少干,但结果是事倍功半,甚至前功尽弃。要清澈悟透一件事,胜过草率做十件事,并且会事半功倍。

第二,计划能力。

执行任何任务都要制订计划,把各项任务按照轻、重、缓、急列出计划表,分配部署来承担,自己看头看尾即可。把眼光放在部门未来的发展上,不断理清明天、后天、下周、下月,甚至明年的计划。在计划的实施及检验时,要预先掌握关键性问题,不能因琐碎的工作,而影响了应该做的重要工作。要清楚做好20%的重要工作,等于创造80%的业绩。

第三,指挥能力。

指挥部属,首先要考量工作分配,要检测部属与工作的对应关系,也要考虑指挥的方式,语气不好或是目标不明确,都是不好的指挥。而好的指挥可以激发部属的意愿,而且能够提升其责任感与使命感。要清楚指挥的最高艺术,是部属能够自我指挥。

第四,控制能力。

控制就是追踪考核,确保目标达到、计划落实。虽然谈到控制会令人产生不舒服的感觉,然而企业的经营有其十分现实的一面,有些事情不及时加以控制,就会给企业造成直接与间接的损失。但是,控制若是操之过急或是控制力度不足,同样会产生反作用:控制过严使部属口服心不服,控制不力则可能现场的工作纪律也难以维持。要清楚最理想的控制,就是让部属通过目标管理方式实现自我控制。

第五,协调能力。

任何工作,如能照上述所说的要求,制订完善的计划,再下达适当的命令,采取必要的控制,理应顺利完成。但事实上,主管的大部分时间都必须花在协调工作上。协调不仅包括内部上下级、部门与部门之间的共识协调,也包括与外部客户、关系单位、竞争对手之间的利益协调,任何一方协调不好都会影响执行计划的完成。要清楚最好的协调关系就是实现共赢。

第六,授权能力。

要赋予下属责、权、利,下属才会有做事的责任感和成就感,要清楚一个部门的人琢磨事,肯定胜过自己一个脑袋琢磨事,这样下属得到了激励,你自己又可以放开手脚做重要的事,何乐而不为。成就下属,就是成就自己。

第七,判断能力。

判断对于一个经理人来说非常重要,企业经营错综复杂,常常需要主管去了解事情的来龙去脉因果关系,从而找到问题的真正症结所在,并提出解决方案。这就要求洞察先机,未雨绸缪。要清楚怎样才能化危机为转机,最后变成良机。

第八,创新能力。

创新是衡量一个人、一个企业是否有核心竞争能力的重要标志。要提高执行力,除了要具备以上这些能力外,更重要的还要时时、事事都有强烈的创新意识。这就需要不断地学习,而这种学习与大学那种单纯以掌握知识为主的学习是很不一样的,它要求大家把工作的过程本身当作一个系统的学习过程,不断地从工作中发现问题、研究问题、解决问题。解决问题的过程,也就是向创新迈进的过程。因此,我们做任何一件事都可以认真想一想,有没有创新的方法使执行的力度更大、速度更快、效果更好?要清楚创新无极限,唯有创新,才能生存。

4. 营造有效的执行力文化

执行力是否到位既反映了企业的整体素质,也反映出管理者的角色定位。管理者的角色不仅仅是制定策略和下达命令,更重要的是必须具备执行力。执行力的关键在于通过企业文化影响员工的行为,因此管理者很重要的角色定位就是营造企业执行力文化。

我们来看看王健林是怎么做的。

在企业内部形成执行文化,第一条就是以身作则。很少有人敢这么喊。我的性格形成时期是在部队度过的,所以在我身上深深烙有这种烙印。在公司我都是这样一句话,要求员工做到的,我一定要做到。比如说不搞裙带关系,我没有任何亲属在公司工作。他们也想过好的生活,那我给他们钱去创业。做到这一点是非常困难的。我希望我的人才来了之后,不要感觉企业是家族式的,或者决策不透明,或者是非理性的。现在我在公司里不报销一分钱,我个人的花销都是自己的花销。我是绝对的大股东,公司也是一家私人公司,但是我自己带头,作为大股东不占小股东便宜。

第二条就是没有不可能。只要大家经过博弈确立的目标,没有人说完不成或者说做不到。我们一年的目标形成需要9月、10月、11月三个月来完成。一旦确立目标之后,在万达只有大家为完成任务去想办法,不会为完不成任务找借口。大家共同感觉到完不成任务是一种耻辱。每一年我们都会把项目的成绩、品质做一个排名,这个排名在年终大会的时候会用很大的板子公布在外面。很多时候,最后一名的人特别是一把手都会辞职。这种事情,在万达里就形成了一种文化。比如武汉中央文化区,本来这个项目不是那么急,开工的时间不长,武汉的领导就跟我说,百年辛亥革命的纪念就要到了,你这是一个重点工程,能不能想办法开业?当然,这个时候能开业,可以省下多少营销费用,所以我们内部下决心来做。我们也创造了奇迹,很多的省市领导看完之后都非常震撼,而且10个月开工的项目绝非粗制滥造。还有我们的长白山国际度假区,当时因为要去竞争冬季亚运会,因此一定要在2012

年10月之前竣工，这个项目非常赶，而且要在冬季施工，项目完成之后，我们的核心高管坐飞机到现场表彰，给施工团队发了重奖。当然，这种项目必须偶尔为之，如果老是这样，人早跑了。26个月完成了全部项目，开业的效果也非常好。

我讲这么多例子，意思是说当因为特殊原因做了某种难以完成的决定时，所有人都是想尽办法把任务完成。当然老板做这种事要心里有数，这种事情是特殊情况，正常情况下还是正常的工期。万达执行文化的一个特点就是很少说不可能。而且我在公司也特别反对，在探讨目标时，因为有人多次说肯定不行就否决该项目的作风。任何一个任务还在讨论当中，博弈当中，你就直接否决了，这不是万达的风格。所以你只能说这个事非常困难，有可能完不成，你可以一二三四五地说明原因。为什么我提倡上下博弈，同级博弈，就是要博弈之后形成的任务，才有完成的可能性。

第三条就是奖惩严格。说起来容易，真正敢奖敢罚的真不容易。比如说武汉的项目，他们创造了项目奇迹，一个公司不到100个人，2012年目标销售70亿元，实际销售100亿元。奖金敢不敢发？在万达，只要定了目标就完全兑现。还有就是敢罚，我也举一个例子，我们的创业元老之一、某副总裁——我也很欣赏这个人——管招投标，当时要举行电缆招标，我们已经有品牌库了，也都是千亿级的企业，但他极力推荐一个几亿级的企业。那些副总都不同意、不签字。后来他的老总就把这个事告诉到我这里，我们马上进行调查，(了解)这里面是有猫腻的，我们马上开董事会，把这个人辞掉了，因为他触碰到了我们的红线。

营造良好的执行力文化，需要重点做好以下几方面的工作。

第一，提升执行能力。

首先，应该对执行人员进行执行前强化培训，让执行人员明白自己要做什么，该做什么，做到什么目标，这样才能目标一致，执行到位，各尽其责。

其次，要明白自己的工作依据。这是我们工作执行力的基础，也是我们工作执行的目标。这也就是说，要知道自己做的每一件事情依据在哪里，这些依据是否还成立。

最后，要明白控制工作的关键点是什么。在这些工作里面，按照工作程序，我们往往要在一些单据上签字，这就是我们的工作控制点。我们签了字，就要负起相应的责任。

第二，强化执行动机。

一个人不仅要会做还要有工作意愿（动机），即要"肯做"。充分发挥主观能动性和责任心，在接受工作后应尽一切努力、想尽一切办法把工作做好。作为中基层管理人员、操作人员一定要有做事情的实干精神，公司最需要拥有不懈的求胜意志的人，这种人只有在工作完成时才会感到满足。

首先，要观察每个人的工作习惯，分辨出谁才是认真做事的人，这些人通常能激发员工士气。

其次，观察其遇到困难时处理问题是否正确、果断，并知道如何取得各方助力来完成工作。

第三，端正执行态度。

有令不遵，违规操作，是执行态度不端正的表现。执行态度即对待工作的态度与标准，做工作的意义在于把事情做对，而不是做五成、六成的低工作标准，甚至到最后完全走形，面目全非，应以较高的（大家认同和满意）标准来要求自己。

要端正执行态度，在工作中必须实践好"严、实、快、新"四字要求。

(1)要着眼于"严":积极进取,增强责任意识。责任心和进取心是做好一切工作的首要条件。

(2)要着眼于"实":脚踏实地,树立实干作风。虽然每个人岗位可能平凡,分工各有不同,但只要埋头苦干、兢兢业业就一定能干出一番事业。

(3)要着眼于"快":只争朝夕,提高办事效率。要提高执行力,就必须强化时间观念和效率意识,弘扬"立即行动、马上就办"的工作理念。坚决克服工作懒散、办事拖拉的恶习。

(4)要着眼于"新":开拓创新,改进工作方法。只有改革,才有活力;只有创新,才有发展。

在日常工作中,要敢于突破思维定式和传统经验的束缚,不断寻求新的思路和方法,使执行的力度更大、速度更快、效果更好。养成勤于学习、善于思考的良好习惯。

第四,有效促进与有效控制。

执行能力、执行动机、执行态度是执行者的行为能力、意愿和态度。光靠这些特征不足以把事情落实好,还需管理者进行有效促进与有效控制来调整执行者的行为与控制事情的发展不偏离正常轨道。有效控制采取方法如下:

(1)事前跟进,发现潜在风险提前给员工预警。

(2)事中跟进,在任务进行中发现问题后,寻找解决办法,使员工的工作重新回到正轨上来。

(3)事后跟进,出现问题后,找出原因,提供补救建议和具体措施,避免员工再犯同样的错误。

(4)授权不授责,大多数管理者的通病是授权又授责,这样导致的结果就是权责不分,职位越高承担的责任越小,做得多就错得多,管理者不做具体的事,永远不出错,被授权的人害怕出错而不停地往下授权，必然没有好的结果。

（5）对身兼管理责任的人进行监督，当管理者管理他人或检讨自身的行为时，有效的监督十分重要，如果没有有效的监督，准确的工作定义、选拔、管理和培训这些工作都不可能轻而易举地完成。

（6）对那些可能是以前所遗留下的含混不清的或没有论及的问题，管理者要能给予明确而又清晰有力的说明；然后，他们还要提出对未来的展望，以使将来组织的工作重点能集中到所提出的焦点上来。

那些在被认为是工作懒散的人对于他们爱好的东西，可能表现出巨大的积极性，采用升职或薪酬来激励员工是一种广泛使用的方法。在许多情形下这种方法是积极的，是非常有效的。采取方法如下：

（1）考核指标合理，为避免考核指标不合理，必须避免人为因素干扰，避免人为因素干扰的最佳手段就是将考核指标全部改为定量或半定量的，去除难以评价对错的指标，比如去除主管考评、供应商投诉、团队忠诚度、团队意识、创新能力、主动性等指标。

（2）健全流程制度，修订各类规章制度与作业流程，明确每个岗位职责与目标，明确操作步骤，杜绝经验操作或不按规定操作。

（3）考核有效，严格执行奖励与处罚措施，不能姑息。对违反公司规定或操作规定的人员要严格按制度处理，不能流于形式。对表现优异的员工，由部门申请，可以破格调薪或升职。

第五，构建领导人才储备通道。

如何有效避免人员流失，在执行力机制健全后，最后的有效持续落实还有一个影响因素，即如何降低人员流失及可能造成的影响。所以，降低人员流失与构建领导人才储备机制非常重要。可采取以下方法构建人员储备通道：

(1)根据员工(含中低级管理人员)绩效,精准而深入地评估每位员工的能力。

(2)对表现优秀的员工(含中低级管理人员),提供一个鉴别与培养各类领导人才的架构,将其作为其上一级别的储备人员,以作为健全接班计划及配合公司未来执行策略的需要。

(3)决定该如何处理缺乏绩效的人,对不能胜任工作岗位的员工,离岗培训一周后重新上岗,如仍未能满足需要,先调换其到新工作岗位试用,不轻易淘汰。

(4)让员工了解公司发展蓝图,并将连接策略计划即短、中、长期阶段性目标与连接营运计划的目标告知员工,让员工有归属感。

第六,建立良好的沟通。

建立良好的沟通是改善工作氛围的重要途径,良好的沟通是执行的基础,有效地提高执行力,在一般情况下首先要进行充分的沟通,将决策传递给各个层级的员工,帮助他们理解需要完成的目标,取得他们的支持,对完成目标任务取得较为一致的认同。可采取以下方法达成有效沟通。

(1)执行者参与计划的制订。在制订过程中上下级之间可以良好沟通,让组织内的员工进行活跃的对话,坦诚交流实际情况,表达自己的真实观点。

(2)建立顺畅的反馈渠道。明确每项任务的阶段负责人与总负责人,执行过程中遇到困难,员工可以越级反馈,直接和主管沟通,避免按照自己的理解和方式去解决问题。

(3)沟通方法。要求总负责人在任务布置后对所负责工作的具体人员,提出多个具体问题并要求解答,确保计划完全被执行者所理解、接受。并要求这样的沟通方式与对话模式要一层层下达,流传到整个组织当中。

(4)真诚交流,尊重每个人提出的意见,如不能执行要告知原因,鼓励员工提出问题,自由表达自己的观点。

第七,协调内部资源。

协调内部资源对提升执行力最有效。同一件事情,如果用命令的办法不能得到有效执行,那么换一个人或是培养另外一个人,或许会更加有效。对内部资源进行有效的整合,能充分调动员工的工作积极性。人力资源的使用需要沟通、协调,其目的是让不同领域、从事不同工作的人充分认识到自己的职责,去主动地开展工作。

内部资源还包括其他的物力、财力资源。只有内部资源的协调是属于自己能掌握完全的控制权的,可以按照下属的工作能力以及习惯更好地进行人员的调用。

第八,收集反馈信息。

执行过程中,员工会碰到各种各样的问题,或者发现更好的解决方案。除了员工主动反馈外,还要建立自上而下的收集渠道。可采取的办法有:

(1)设立"问题反馈箱"与"合理化建立箱",对收集到的问题,提出解决办法,及时处理;对员工提出的好的建议,积极采纳。

(2)深入工作现场,通过观察或与员工自由交流的方式发现问题,这种方式同时可与下属建立特殊的个人关系,员工在执行任务时,不仅会把它当作任务来完成,还会考虑到与管理者的这种关系。

5. 提高管理者的执行能力

管理者的执行能力要通过运营流程,通过具体的运营设计来体现,这也是最困难和最讲究艺术性的一部分。就像一支部队要到河的对岸去,过河的目标已经很清楚,关键在于过河的方式与过程,也就是要解决好是造船过河还是搭桥过河的问题。在这个过程中,一个重要的指导性原则就是要"拐大弯",即对于企业运营中重大问题的解决要打足提前量,及早进行设计,不能等事到临头再踩刹车、拐急弯。只有"拐大弯",问题的解决才会稳定而平滑,遇到的阻力才会比较小,企业的震荡与损失也才能降低到最低限度。

除此以外,在具体运营问题的处理过程中,要学会"拧螺丝"。就像用四颗螺丝钉来固定一个平面一样,不能先拧紧一个螺丝钉再去拧其他三个,要循序渐进,每一个螺钉拧几圈,轮番来固定,在不断平衡的过程中,最终将螺钉全部拧紧。

执行力,不意味着职务地位,也不是少数人具有的特权专利,而是一种积极互动的目的明确的动力。中层要提升自己的执行能力,需要一步一个脚印地走过一段充满挑战的旅程。

王健林认为:真正要把执行做好,还要看管理执行的模式。

第一,我们叫总部集权。权力向总部集中,弱化总经理个人作为。万达的总经理和副总经理经常是轮换的,不存在不服从,不服从就解雇。不然的话,大家都想在北京、上海了,那公司怎么发展呢?当然也有一些老员工,家里有困难的,那是个别讨论。

第二,垂直扁平管理模式。成本部门、财务系统、人力资源系统以及质量监督系统、安全系统都是总部垂直一条线的。这些人员满三年轮岗。地区一把手、各个地区之间形成既支持又有制约的关系。

第三，强化监督。人的天性本身是有弱点的。很多人的性格也会发生变化。我经常说靠制度不靠忠诚度。今年有忠诚度，明年也许就没有了。面对金钱有忠诚度，面对美女不一定有忠诚度。面对金钱和美女都有忠诚度，但是面对亲情就没有了。因此我们靠的是严格的制度管理。制度设计的一个特点就是基于对任何人都不信任。比如招投标，所有行业都有品牌库，品牌仅限三家，最多五家。为什么只显示前五名？因为是优质公司，操作空间小，只有入了品牌库才可以参加投标。包括商家也要进入品牌库，防止招商方面的漏洞。而且我们分级，哪些级别商家可以进入什么等级的店，尽可能减少操作自由。

在强化监督方面，主要是建立一个强大的审计队伍。我在集团其他的什么都不管，这些年来连法人代表我都退出了，只管一个部门就是审计部。审计的人懂业务，建立很大的权威，这也是保证我们不冲高压线很重要的一点。举一个例子，我们在漳州公司的副总还有销售经理，在完工之后，他们把房子用一批身份证都给买了，然后再搞转卖，贪了好几百万元。后来我们查出来了，我们内部研究，绝对不能简单处罚，而是追究刑责，向检察机关提起公诉。不是我狠，过去十几年来都是开除就完了，后来发现不行。还有一个人我们也追究了刑责，公司让他去交税款，他把税款套成现金赌博去了，提起公诉之后他最少要(坐)10年(牢)，但考虑到他是刚刚毕业的硕士生，我们商量，要少判一点，但是一定要判。

管理层获得有效执行力的关键有以下几点。

第一，掌握自我领导的艺术。

自我领导包括一系列为确立个人目标和提供自我奖励而设

计的、涉及行为和认识两大方面的战略内容。注重行为的战略内容包括自我建立目标、自我监督、自我奖励及积极的自我批评；有了这些，自己还需加以实践或练习。注重认识的战略内容包括通过各种更具个人激励特色的方法去履行职责的自我工作设计方案。完成一件事，方法有多种，其中有些方法更需要个人的自觉性，因此也更有效；这些方法适应每一个具有个性的人，并能使这些人变得比他人更好。其他有关认识的战略内容包括树立个人的信心与责任心；树立个人的形象；经常进行"自我交谈"等。

员工会看着那些身居要职的领导人员的一举一动。所以，重要的是领导者通过实际行动向员工表明其所作所为是符合他们愿望的。在处理事务的过程中，重要的是当事人的信誉与积极性。那些被大家认为信誉良好、待人真诚、业务能力强，而且能够通过行动公开、明确表达工作热情、富有革新精神及具自我领导能力的领导者，往往也拥有与其品质相同的员工。毕竟，百说不如一干。那些能够制订有效的自律战略计划、能够在本职工作中体现自己的志趣与特长而且养成积极思考习惯的自我导向和自我激励的领导者，能够成为也应该成为其员工学习的光辉榜样。

第二，做对事。

将事做好是不够的。取得成效的关键是做对事。中层执行的目的，是帮助员工制定他们自己的目标，以使他们获取更大的业绩，进而完成团队的目标，要善于提拔那些努力使自己的目标令他人满意的目标导向型员工。这些目标既包括立竿见影的短期目标，也包括相当长期的工作与职业目标。一般地说，自定的目标对那些在完成任务之余还想挑战自己的人来说将产生更大的帮助作用。

第三，协调众多独立的创造性力量。

作为中层，要帮助组织协调众多独立的创造性力量，其中有些协调是通过团队的努力得以完成的。鼓励员工在完成任务和充分促进个人成长、发展的过程中一起工作，相互帮助；鼓励员工不把自己看作是个体，而看作是整个组织的基本组成元素。通过鼓舞、奖励及引导等方法，帮助许多成长中的员工找到力量的源泉，成为相互鼓励与相互鞭策的对象。

6. 科技保障执行

科技的进步不断淘汰跟不上时代步伐的人，不前行就是在倒退，不变通就是在自取灭亡。未来10年是中国商业领域大规模变革的时代，所有大企业都面临重组，一旦人们的生活方式发生根本性的变化，来不及变革的企业就只有两种可能：要么苟延残喘，要么被尘土掩埋。

王健林在演讲中提到万达的信息化办公：

第一是高度信息化。在十几年前，很多人还没有这个意识的时候，我们就成立了自己的信息中心。现在这个信息中心经理是很高的级别，相当于副总裁，招了很多海归。我们多年前就实现了从信息到移动终端所有办公系统的自动化，手机上就可以批文件。除了移动办公，还有很多管理方面的信息化，我们所有的工程进度都由探头来管理，探头进不去的我们要求录像。所有的招投标高度信息化。信息化使万达的执行力和快速工作能力得以大幅提高。

第二是计划模块化。万达特别强调计划，我们有专门的计划部，每一年每一月每一周每一天都有计划,财务计划、成本计划、现金流计划、利润计划、人员成本计划、招聘计划等。每年11月底,我们所有老总都知道,第二年应该招多少人、花多少钱、收多少钱,细化到每一周。计划这么细,特别针对我们不动产公司这种工程进度很复杂的,怎么办呢?每个人都有经验,但是靠经验靠不住。一个人干过10个万达广场,也不一定清楚每一步应该怎么做。因此我们搞了一个工作计划模块化软件,比如我们把购物中心从开工那天一直到开业,一般来说是两整年,编写成360多个计划节点。这个节点由平行线和纵线相交,比如说工程建设,这一周工程进展到第几层、设计的哪一天交什么图纸、招商的什么时间什么店进场、开业计划什么时候执行、招什么工进来,这些东西都合在一起。对于每个人来讲,把自己的事情完成就可以,这个计划节点做好之后,编入我们的信息系统当中,正常运行就是绿灯,有一周任何一个行业或者是任何一个方面计划没有完成工作量,自动亮黄灯,黄灯亮了再一周,还没有解决问题,就是红灯。红灯根据一、二、三级不同级别的节点不同而进行处罚。黄灯亮了如果处理好,自动转化为绿灯。另外,三个黄灯相当于一个红灯。为什么万达总可以按期开业,核心来说就是计划模块化管理。哪一个部门做什么事,在总部计划到周,到公司可能是计划到天。绝对不允许你晚了三个月还让你待在那里,可能晚了两个月就换人了。而且我们有人才储备库,每一个行业储备比例多少,都有规定。我们宁可拿出一定的人力成本。比如说,100个总经理中起码有5个总经理在总部待着,就是候补。副总可能有10个在候补。当然我们事业扩大,他也会上。

第三是慧云集成化。在大的购物中心当中,在过去都是各管各的。一方面浪费人力资源,另一方面确实出过若干的风险,比如说晚上着火了,他就不知道。我们经过多年研发,在2013年完成研发,在四个万达广场进行了试点,今年会全部推开。慧云,就是把所有管理包括消防、水、空调、泵房、节能、安全等所有东西都集成在一个超大屏幕上,一间机房完全计算机化、智能化。比如说空调,一个地方的人非常多,就自动加大送风量,人比较少,就会自动降低送风量。这些东西保证了执行,保证万达不犯错误。

王健林说:"万达的执行力是靠制度、文化、严格的奖惩以及科技手段才锻炼出来的,不敢说在世界,至少在中国是第一的执行力。现在没有一个企业敢说什么时候开业就什么时候开业,而且成本完全在控制之中。当然,还有很重要的商业模式(这个因素)。这些保证了万达连续8年的30%以上的环比增长,而且过了千亿规模之后还保持着30%的增长,去年资产做到了3800亿元。按照这样的速度,2015年之后,即便是我们减速到15%,到2020年也可以做到1000多亿美元的年收入,上万亿的资产。2020年万达绝对会成为世界前几十名的超级企业,而且我们要求20%收入来自海外,成为一流的跨国企业。"

7. 具备政治家的视野和哲学家的头脑

纵观王健林的发家史和万达的扩张之路,不难看出,在当今时代,要想脱颖而出、拔得头筹,企业家要具备政治家的视野和哲学家的头脑,不光会"实干",还得"精干"。企业能否在每一次的转型中生存下来,实现又好又快的发展,关键就在于企业家自身素质的转型。

如何做好企业家自身素质的转型?大体包括以下3个方面。

第一,具备政治家的视野。政治家看待问题往往是从一个更远的视野、更深的思维、更大的系统着手的。这个系统包括政治、经济、文化、科技、教育、民生、环境等多个子系统,而企业只是经济这个子系统中的一个元素。就经济而论经济,必然难以摸准中国经济政策的变化趋势。

例如,很多房地产开发商抱怨政府的限购限贷政策,认为不应用行政手段干预市场,这就是"就经济论经济"的典型表现。站在政治家的角度,房地产开发不过是经济这个子系统中的一个重要元素,当房地产市场的发展影响到经济平衡,甚至影响到国计民生这个大系统稳定的时候,必然要调控。

企业家一定要知国情、懂政治,要具备从更高更大的系统去看问题、分析问题和处理问题的能力,只有这样才能看清中国经济政策的变化趋势,才能顺势而为,占得先机。

第二,要有哲学家的头脑。哲学是"明白学""智慧学"和"聪明学",是打开任何领域的总钥匙。若仔细研究美国著名管理大师彼得·德鲁克的管理学著作,便会发现他一直在用哲学的基本原理不厌其烦地阐述管理学的基本道理,其经典著作都是辩证法在企业管理实践中活学活用的经典,处处充满着哲学思维的智慧。

企业家应具有的哲学思维的核心是对立统一的辩证法则。任何事物都是由矛盾构成的,蕴含着正、反两个对立面的统一。掌握了构成事物的主要矛盾,就掌握了事物运行的规律。老子在2000多年前就提出了"反者道之动"。"道",即宇宙万物运行的规律。意思就是说,只有随时随地都能看到问题的对立面,才能把握事物运行的规律,使"道"为己所用,否则就为"道"所困,陷入被动。

例如，当多数人都说一件事情可行的时候，作为企业领导者和最终决策者，要能够看到可能存在的风险；当多数人都说某件事不可行的时候，领导者则要看到可能蕴含的机遇。再如，当很多人都给某员工差评时，领导者要能发现这个员工的独特优势；很多人都对某员工交口称赞时，领导者也要慎思好评背后的深意，看清其存在的不足与缺陷。

一个具备哲学思维的企业家，才会是一个优秀称职的企业高管的领队，这正成为新时代管理的主流。

第三，要精干。普遍来说，企业家都是实干的，但唯独缺少"精干"。其实，企业家的位置是很微妙的，要么下属阿谀奉承，难听到真话；要么下属对其极为畏惧，不敢实话实说。一个企业家，如果处理不好上下级关系，就很容易栽跟头。这样的案例不胜枚举。

仔细观察一些成功的企业家会发现，他们都很善于听到真话。究竟是如何做到的呢？一方面，企业家要有听真话的勇气和胸怀；另一方面，还要有外脑，俗话说"当局者迷，旁观者清"，真话往往来自圈外——可以是专家学者，也可以是外部诤友；可以是具体项目的咨询，也可以是普通的聊天沟通。越是在做出一定的成绩后，就越要在"精干"上下功夫，避免盲目自大。

纵观国内，改革开放以来，凡是真正把企业做强做大的成功企业家，在这3个方面都做得很好，个人素质都很均衡，堪称表率。在瞬息万变的信息大爆炸时代，面对知识的碎片化、观点的多元化、秩序的重构化，企业家只有在这3个方面做好个人素质的转型，才能拥有清醒的头脑，不断做出正确的判断，为企业的转型与发展创造成功的前提。

8. 大投入大产出，大目标大智慧

王健林说："小打小闹不行，要大投入大产出。此前大家做文化产业都是小投入，一台戏、一部电影地做，这种模式存在两个问题，第一不能快速做大，第二效益非常低。"

"很多人认为大投入意味着大风险，其实不然，小投入风险才大，大投入不会一拍脑袋就干，会充分分析，反复琢磨，更要做收入预测计算。"

在《成都商报》举办的以"我看未来20年"为主题的大型公益演讲中，王健林激情澎湃的演讲彰显了其一心想要打造世界一流文化企业的雄心壮志。

从"逼上梁山的被动"到"自觉转型升级"，王健林认为，万达向文化产业转型经历了"思想上的跨越"。在他看来，文化已从"事业"进入"产业"，要做出影响世界的文化品牌，万达唯有从模式上进行根本革新，"小打小闹不行，要大投入大产出"。

2012年，万达文化集团的收入达到208亿元，成为全国最大的文化企业，是第二名的两倍，在万达2013年下半年发展规划中，文化产业已是其工作的重中之重。

据公开资料显示，万达文化集团2012年上半年的收入为109.3亿元，其中备受瞩目的AMC公司收入高达13.43亿美元。

而要想把中国文化产业做出品牌，做到一流，王健林坚持，"一定要革新文化产业模式"。至于如何革新？他给出了六字答案：大投入，大产出。

据统计，《汉秀》投资25亿元，电影科技娱乐投资35亿元，不含土地,两个项目仅建筑和设备投资就是60亿元,实为大手笔。

王健林相信,这种大投入一定有大产出。"虽然成本60亿元,但这两个项目年收入预计最低10亿元,扣掉成本后效益非常可观,几年就能收回成本。"据王健林预计,这两个项目开业后,必将创造中国单个文化项目收入之最的纪录。

"大投入大产出"的大智慧背后不难看出王健林的大目标:"万达文化集团有一个很远大的目标,力争在2020年进入世界文化企业前10名,而一台戏一台戏地做、一部电影一部电影地拍,是达不到这个目的的。"

"文化旅游城的投资都是百亿级的,最小的西双版纳文化旅游城也投资了160亿元,其他的都在190亿元以上,这么大投资我们也做了保守收入预测,每个项目的收益都在几十亿元,"王健林满怀信心,"有这么多项目支撑,才可能实现目标,缩短与世界文化企业的距离。"

第九章

企业经营的最高层次是经营文化

1. 万达的特色培训细节

难道万达真的是传说中军事化管理,员工全部都是用小鞭子抽着往前走才有这么强的执行力?为何万达的人才很抢手但又很难挖?万达的培训体系是怎样的?万达培训人有哪些高招?

王健林说:"最初我们对一些外部的企业大学也进行过交流、考察,但考察后发现没有哪一个企业大学可以成为我们的标杆,我们所追求的目标就是'有用',从这个目标看,没发现哪个企业大学能给我们成体系的东西。"

"现在的很多企业大学都存在自己的弊病。一、只说一些你都知道的事情,现在网络太发达了,很多信息都能通过网络获取,如果这些知识学员本身可以通过网络掌握,那还需要你企业大学做什么?二、说一些过分让你自我膨胀的话,让学员各个都觉得自己是了不得的人才了,回到工作岗位后,看这也不对,那也不对。把自己害了,本来好好的一个苗子,结果被揠苗助长害了。"

从外部企业大学里找不到标杆,那请一些有名望、有地位、在行业中有声誉的专家来讲课,是否能达到传经送宝的目的呢?

王健林说:"社会上有些专家来了之后,隔靴搔痒,说的都是放之四海而皆准的话语,在课堂上听的时候,似乎头头是道,让人佩服得五体投地,但在实际中应用的时候,却发现用不上,你没有能力把专家的那套理论与实际问题嫁接在一起,连接不上。"

经过思考和摸索,万达学院形成了一条很有特色的思维路径,要想做到"有用",那是需要把"有用"落地的,落地落在哪里?只能是落在"岗位"上,怎么体现出对岗位有用?自然就是做出"业绩"来。常言道:知者为师。按此思路分析,谁是知者?这是问题的核心。

"我们研究来研究去,发现一线中那些优秀的干部是知者。"王健林说:"一线的那些优秀干部,一开始我们认为虽然干得好,但可能不太会讲课,我们一开始还在想帮助人家准备课件、备课什么的,但后来发现根本不是那么回事,只要你工作干得好,你真有本事,你就一定能讲出来,爱用什么方法用什么方法,有本事的人都能讲出来,而且学生爱听,都能听懂,学完了回去就能用上。这才有用。"

相关负责人透露了一些万达学院的培训细节。

(1)特色培训分七步走。

学院的第一步工作是改课件,学以致用;第二步是课堂无眠,上课不打瞌睡;第三步是推出"能量集市",解决个人问题;第四步是为组织做诊断,我们会把复盘、评审、审计、法务、客户投诉等各个部门发现的问题收集上来,作为一个个独立课题,界定原因,寻找方案,跟踪解决,让犯过的错不再犯,以此优化组织效率;第五步是开发岗位宝典,实现快速胜任;第六步是传播万达精神,从心智模式的深度对业绩负责;第七步是借助网络平台,做到随时随地有求必应。

(2)找到知者。

结合知者为师的思路,这并不是说万达学院有什么老师可以教你,一万个学生里面就有各种各样的知者,具有各种各样的知识,关键是能不能找到知者,让知者把所知分享出来。这就要求学院能够搭建一个平台,让大家能够畅所欲言,让学生能把问题问出来,让知者能把智慧经验给出来。

(3)做好评估。

评估环节也是重中之重。学生对所有老师讲课要进行打分,老师对优秀的、有贡献的学员也会打分,学院会对老师的讲课风格提出改进建议,也会把学习情况反馈给各部门领导,各部门领导反过来也会给学院的教学效果进行反馈。

(4)管理学员的妙招。

学生是一批思想强大,身体却并不太年轻的人,对这个群体,你讲课只要概念漫天飞,那学生必然睡觉。其实解决这问题也很简单。教室的格局现在都是学员们分组,每个小组的学员围成一个小桌,各组之内要分享、互动,各组之间还要PK,大家面对面地学习,这你怎么睡?传统教室那样大家排排坐,你看着前面同学的后背,自然就想睡。小格局一调整,学员的注意力就提升了。另外,每个学生的问题都不一样,你需要为每个人去找他自己的问题,寻找他自己的解决方法。

现在很多企业大学之所以办得不够好,就是因为他们对组织本身理解得不够、渗透得不够,对学生理解得不够,所以办出来总是隔靴搔痒,做不到有用。讲一些放之四海而皆准的废话、讲一些网络上到处都有的过时概念,这能有什么用?

(5)这样将自己的企业精神传递给学员。

行业内都觉得万达了不起,万达为什么会有今天?万达只是因为一些工作技巧就走到今天的高度吗?在有这些工作技巧之前万达已经很成功了,可见万达之所以走到今天,不只是因为那些技巧,还有企业精神,万达精神才是核心。

那万达学院是如何将万达精神传递到每一个学员呢?如何培训企业精神呢?

万达是一个英雄的组织,是有英雄情结的组织。世界上人是不同的,有些人是一遇到困难就有问题,有些人要是遇不到困难他就有问题了。所以万达学院的一个职责就是帮你认清你是谁,对组织来说这是知人善任,对你个人来讲,就是帮你认清你是谁。因为这样做对业绩有用,只有你认清你自己,你才能是快乐的,业绩才会上升,只有你快乐,你才会自主自发地创新。

一些人总说万达工期紧、工程苦,这其实都是表象,就好比结婚,结婚后能不受到约束吗?这本来就是一回事,你光想结婚,不要负责任,行吗?你只要万达的卓越,不要辛苦,行吗?你以为吃喝玩乐、睡懒觉、不干活那就是幸福吗?那是很狭隘的。

说得极端点,在万达,大家都应该成为一群喜欢征服困难和挑战自身极限的人,成为一群一遇到困难就斗志昂扬的人。万达是这样,你也是这样,大家是统一的,万达不改变你,只寻找你,万达需要十万人,这样的人数放在全国比例是很小的,但总有这样一群人喜欢这样的生活。这就是你的魂,你的灵魂在这里才安宁。

(6)有求必应,可以临时抱佛脚。

现在新学员的培训时间是五天,要想达到"认清你自己"这个目的,五天的时间是不够的,有些蜻蜓点水,有些肤浅,很多问题看似解决了,但实际上到了工作中又不会了,这就是因为对学到的、感受到的还不够稳固,这主要是因为五天时间太短。

搭建好网络学院,那就不一样了,来学院的五天只是贡献智慧,离开后的三百六十天才是开始学习。在网络平台上,我们万达学院是一个策划者,类似一些经纪人,真正能够帮助到你的人,可能是那些遇到过同样问题的人,我们万达学院就是要当红娘、搭建平台,把你们连接在一起,让你找到能够帮你解决实际问题的人。以前的学习是个人化学习,网络化是集体学习、社会化学习,最新的一种学习方式。以前的学习方式是学习、积累、储存。现在这种模式就是"有求必应,可以临时抱佛脚"。

2. 万达之道:独具特色的培训实招

万达学院根据"有用"的指导思路,创新出一套独具特色的教学方法。

"万达之道"是一档以现场嘉宾访谈、学员互动为主要表现形式的新型跨界教学形式。万达之道紧紧围绕"生存之道、成功之道、快乐之道"三个主题,通过员工提问、情景解读、图画历史、看图说话、音乐解析、视频解读、嘉宾访谈等多种方式,来共同探讨、分享万达的组织智慧、文化精髓、管理技巧与工作方法。

"我是潜力干部"是一档干部选拔竞聘实战模拟课程,运用了国内外科学的测评中心技术,如行为风格测评工具DISC、文件筐、案例分析、情景模拟、角色扮演等,并结合实战模拟节目的制作流程、进行全程跟踪拍摄,全方位综合地来评估、选拔潜力干部。"我是潜力干部"整体由五部分组成:团队融合、实战模拟、视频剪辑、成果汇报与嘉宾点评。

"微电影学管理"有两种具体的表现形式:一是从日常工作过程中的实践案例提炼出最佳管理手段和方法,学员结合提炼的最佳管理手段和方法,并通过对人物、场景、管理过程及冲突进行再编写制成剧本,自导自演成微电影;二是节选与课程主题比较契合的电影片段,通过学员的研讨、讲师对知识点的讲授、最佳实践的分享与学员现场的情景模拟以及讲师的深入点评,从电影中学习管理。

"侃大山"就是通过催化师这种中立的行动学习过程设计者和研讨引导者,以提问的方式,引领参与者进行思考和总结,迫使参与者进行审视和判断,挖掘问题背后的真实情况,最终利用众人的智慧解决众人的问题,并将学习成果固化推广实施。

"任务树"通过综合体项目计划模块化管理,明确集团各部门"要做什么",万达学院的培训将落脚于"如何做"。从这一目标出发,学院在教学中应用"任务树"方法论,帮助各部门逐级进行任务分解,更好把握工作中的难点和要点。通过任务树的梳理,学员能够对全年的工作任务"心中有树",理解年度工作目标,梳理各项工作任务,明确各项工作的关键节点,准确完成工作任务。

"解决之道"能够激发群体智慧,通过结构化方法,创造性地解决业务部门中普遍的、影响程度大的、成功经验较少的、具体的难题。对问题发生原因达成共识,找到根本原因;整合不同利益相关者观点,对解决方案达成共识。

"荣誉之旅"课程中,从具体工作问题出发,挖掘问题发生的根本原因,运用集体智慧寻找解决方案,结合自己的工作实际落实具体的行动计划,是万达学院的主要教学方法之一。

"能量集市"中,每个学员都提出自己面对的问题、心中的纠结,让所有学员帮助自己寻找解决方案。每个问题都体现个性化,每个问题都绝对精准。在"能量集市"教学法的课堂中,每个学员都是讲师，每个人自身都充满着能量，而这种能量只有在传递的过程中，才能逐步壮大。

3. 人就是钱，人就是事业，人是决定性的

王健林经常讲一句话："术的层面固然重要，但最核心的层面是道，道是什么？不要以为是什么战略、创新，错！就是人。从我自身的经验，从万达的发展，我深深体会到，人就是钱，人就是事业，所以人才是决定性的。"

在企业的迅速扩张中，人力瓶颈是最常见的问题之一。

王健林坦言，万达目前也存在人力瓶颈的问题，"万达每年会有3次大型招聘会，分别在大连、上海、广州、深圳等不同城市举办，每次都是100多万元的投入。我们还要从学校里培养人才，在清华等大学以资助研究生的形式为企业形成后备人才来源。万达还不断通过渠道挖掘行业中的优秀人才"。商业地产虽然也是盖房子，但和住宅地产是完全不同的概念。王健林深知，要想实现基业长青的目标，他必须引进高精尖的专业人才。

有一个广为流传的小故事，很能体现王健林对于人才的态度。王健林初涉商业地产时，在香港偶然认识了一家地产公司的副总，非常欣赏对方，但对方对到大连工作并没有兴趣。在聊天中，王健林得知此人酷爱汽车，且最喜欢的型号是奔驰S600。王健林当时不动声色，但次日，这个副总的办公桌上出现了一个精美的礼物盒，盒子

里面是一把车钥匙——奔驰S600就停在楼下停车场里，于是他再也没有理由拒绝。

当时中国地产界的精英，大多集中在东南沿海。2000年，在深圳举办了一次"住交会"。住交会的举办方给万达发来邀请，主要是希望万达能提供一些经济支持，但参加住交会对于当时万达的业务来说，并没有直接的作用。

然而，思路开阔的王健林为了结识人才、打响品牌，果断决定参加。他当即租下住交会上最显眼位置300多平方米的展厅，阔绰之举让举办方都瞠目结舌。王健林对当时负责万达展台布展的组长说，"这次我们不展房子，大连的房子在深圳展也没什么用。我们这次只展我们万达集团的形象，就借这个机会，广泛招揽这个行业的人才。"

遵从这一原则，组长在住交会开幕前一周就飞到深圳，先在《深圳特区报》上刊登了5天的招聘启事。展会开幕时，万达从大连带去了8名外形条件出众的礼仪人员，每天列队从宾馆光彩夺目地走到展厅，站在万达的展台前，这种独特的宣传引起巨大轰动。

在展会上，万达不摆房屋模型，不介绍地产项目，而是向外界展示万达集团的企业形象、现状以及对未来的规划。在展会的最后一天，王健林亲自上阵开展专题招聘会，随后有200多人从深圳赶赴大连，其中约120人先后成为万达集团的高级管理成员，直至今天还有60多人依然在万达担任重要职位，其中有4人坐到了总裁的位置。

王健林曾坦言，如果没有当年深圳人才招聘的启动，没有当时大规模的人才引进，就不可能有万达集团今天的局面。

2012年7月初，几家猎头公司的网站上纷纷爆出万达集团为其电商公司招兵买马的消息，集中招募的高管包括首席执行官、财务总监和首席品牌官等，"报价"之高令业界唏嘘不已。

公布的招聘信息还显示,万达集团电商部门招聘的平台技术部总经理的年薪将高达110万元,主任工程师年薪为90万元,普通工程师的年薪也有38万元。和同类企业相比,万达出的"价码"高出一大截。即便是近年来发展迅猛的苏宁易购,其招募的技术工程师的年薪也只是20万~60万元不等。而万达给核心岗位——电商公司总经理,更是开出了200万元年薪的"大手笔"。无怪乎有人笑称,万达"除了马云、刘强东,谁都挖"。

据了解,历任谷歌总部电子商务技术部经理、阿里巴巴国际交易技术资深总监的龚义涛,于2012年5月成了万达电子商务CEO。之前在他的带领下,阿里巴巴针对海外中小型买家的"速卖通"很快便成为全球最大的在线外贸交易平台。截至2012年11月初,该平台海外流量每天超过2300万,覆盖全球190多个国家和地区,年平均增速超过400%。拥有如此惊人的成绩,王健林自然对其委以重任。

龚义涛从上任伊始就开始为万达电商招揽人才,而截至2012年11月下旬,他仍在发布招聘信息。相关数据显示,万达集团电子商务公司的规模将逾万人。用高薪延揽人才,充分显示了万达努力打造电商航母的决心和实力。

王健林说:"我特别重视人才,为了一个人才,我会八顾茅庐、十顾茅庐。我在1998年就开始全国招聘人才,以后学会公开招聘。但是这样也很难招到特别优秀的人才。特别优秀的人才都是在当地工作比较稳定的,也不愿意参加公开招聘。所以现在我们转向猎头,我们与超过50个猎头公司在合作,国际上还有五六十家猎头公司,人才就是一切。"

4. 在万达，发光就能被看到

有人说，万达走过的路，就是万达人才从少到多、从初级到卓越的过程。

创业20多年来，万达骨干员工的流失率远远低于行业平均水平。靠待遇吸引人，靠关爱感染人，靠事业留住人，靠制度规范人，靠文化凝聚人，这便是万达人才战略中的"简单制胜五部曲"。

2008年5月15日，是西安万达广场开业的日子。西安项目公司有一位名叫姚雨汐的普通员工正在像其他人一样紧张地忙碌着，却突然被告知万达企业文化部总经理石雪清正在对面的酒店等她，起因是她曾经向万达内刊投了一篇《古都地产新传奇》的文章。

石雪清亲切地告诉小姚，万达内刊的每一期董事长都会读，在读了她的文章后，感慨颇多。"从文字中董事长读出你对项目很熟，对工作很用心，文从心生，他很重视，委托我专门来看你。"石雪清说。"在万达，发光就能被看到"，姚雨汐深刻领悟到了这句话的内涵，备感幸福。在之后一期的万达内刊中，姚雨汐又写了一篇《董事长邀我来合影》的文章来表达自己的心境：总以为董事长很严厉，可我分明看到了他对员工的慈善与关怀；总以为他很遥远，可实际上他一直都在我们中间，与我们心连心、肩并肩。20年来，经过无数万达人的辛勤劳作，这片绿洲不仅生机盎然，还能造福于人！作为万达人，我感到深深的自豪！

"在万达，发光就能被看到"，这已经成为很多万达员工的座右铭，被广为传颂。在此，我们可以学到几个简单可行的招揽人才的办法。

重视有潜力的人才

员工初到企业，往往会怀有雄心壮志，希望能在自己的岗位上大显身手，做出一番事业，尤其是那些刚刚从大学毕业的优秀年轻人。一般情况下，公司会花很大力气和金钱去争取他们，但是争取到以后，却又把他们扔在企业底层而不加过问，成为企业忽略的人才。企业的管理者却不知道一个精明的、怀着雄心壮志的员工，如果在加入公司后被扔在底层，被人忽视，那么他很可能就要离开公司去寻找一个新天地了。

如果你认为某一个员工确实是能力超群，比别人都优秀，没有人会怀疑他在以后的工作中会成绩出类拔萃，那么，你可以以快速提拔的办法让他升到一个比较重要的位置。当然你在提拔他的时候一定要多动脑筋，因为对他的快速提拔会招致别人嫉恨从而可能会给你的公司机构带来破坏。如果没有处理好这个问题，你不仅会失去他，同时还会得罪其他留在公司的员工。不用说，这是一个高级的烦恼，但是请不要着急，有种方法可以简单应对。

一家公司曾聘用过一位年轻人在海外某部门工作。几个月后，他就显示出非凡的能力，其上司与之相比也显得黯然无光。如果将年轻人提拔到他应该的位置，那么他的上司将会因为不满而破坏公司的安定。于是，公司把他调到公司另一个驻外代表处担任主任，充分发挥他的才能，那位年轻人实际连升了三级，但公司没有人注意到他的三级跳，也没有人发牢骚。这真是一个皆大欢喜的做法，对企业、对个人、对员工三者都有益而无害。

满足员工的兴趣

一个员工如果对自己的工作不感兴趣，那么他就很难有心情去做事。其实有时候，他的工作表现并不能显示他对工作的热爱。常常有这样的情形，某个员工仅仅依靠自己的才能和遵纪守法就能够在某个岗位上工作得极为出色，而实际上他对这项工作毫无兴趣。

在某部门有一位经理工作极为出色，打破销售纪录，可是他内心梦想的工作却是该公司的电视部。从公司的角度考虑，他当然应该留在原部门，继续创造纪录。但现实问题是，他一心要搞电视工作，如果其他公司满足了他的要求，他很快就会离开公司。

因此，面对这种情况，企业的领导者就必须考虑这样一个问题，究竟怎样才能满足员工的志趣要求。作为一个人才，特别是一个优秀人才，自我价值的实现度对他来说十分重要。我们也会从许多员工的意向中发现，他们首先考虑的最重要因素不是金钱，而往往是某项工作是否符合职业长期发展的要求。

建立互相信任与尊重的关系

互信就是相互之间可以托付，换句话说，也许就是不离不弃。如果一遇到不景气就解雇员工，如果把员工视为可以随时替换的人才市场的商品，这就很难达成企业所需要的与员工之间的信任与相互尊重，人是企业最重要的资产，这个资产，不是买与卖，而需要用心经营，需要投入才能换来不一样的产出。

管理者要想发挥员工的最大潜能，就要信任员工，放心让他们去工作，绝不能让他们老是处在一种被监视的状态下工作，以致使他们背上了心理包袱，这样对他们、对企业都没有好处。这其实涉及一个互信的问题。互信是人际关系的基础，尤其是具有人才特质的人，总是希望主管能有"你办事，我放心"的心态，在工作上才能放手去做。

如何在企业内部建立更好的互信关系呢？除了要应用科学的管理控制方法去除互信的障碍外，管理者还要经常与员工进行思想交流。

和员工经常交流思想的做法从本质上说应是互动式的,既需要员工能解除思想顾虑,向管理者诉说自己的思想波动和要求,但更重要的是,也需要管理者自己能够让员工感觉到你和他们没有距离。一家成功企业的总经理曾经很自豪地谈起他与员工相处的方式:他与员工一起工作,一起吃饭,一起读书,慢慢地,企业内形成了一种氛围,大家一起享受成功带来的喜悦,也一起分担困难带来的忧虑。和员工们建立伙伴关系,首先要出自于真诚的心,互相扶持,这样员工们才会付出更大的努力,做出更多额外的贡献。

5. 搞"能用的制度",不给员工犯错的机会

谁都知道企业必须要有制度,但企业到底需要什么样的制度,制度是用来做什么的,对此,王健林首先认为,要搞能用的制度。

王健林给万达制定了很多制度,现在每两年修订一次。企业要发展,有一些要去掉,有一些要添加。修订往往历时3个月,累计200多万字。这个量太大,王健林不得不强调,字数不仅不能增加,还要把事说清楚,说有用的,要有操作性。所谓有用,就是靠制度不给员工犯错的机会。

万达每年新增投资至少超千亿,加上续建,就更多了。2013年,他们开工总面积5500万平方米,2014年超6000万平方米。投资大,出事概率自然不小,涉及招投标、安排施工队、材料采购等。如何杜绝问题和事故,他们早在10多年前,就建立了品牌库制度,招商有商家

【王健林的谜 万达的那套办法】

品牌库,设备有设备品牌库,工程有工程品牌库。王健林要求,行业前3名企业和产品进了品牌库,这些企业才能投标。制度还规定,品牌库每年更新一次,一旦发现其中商家对他们行贿、质量有问题、维修不及时,随时踢出去。

他们有一个轮岗制度,财务、成本人员3年一轮岗。有的不愿意到其他城市。不愿意去就解聘。时间一长,就形成了文化,到现在,几乎没有调动难的情况了。大家都知道不去不行,这是一种强制制度。王健林深知,"中国社会大环境就这样,制度再严,人们也有各种各样的关系。"

再一个是工程,他们在很多年前就建立了战略合作伙伴关系,不随意招标。他们现在的工程队是中国建筑总公司,主要是一、二、三、四、八局,除此再不跟其他企业合作,从2002年到现在,坚持了10多年。王健林说,"靠制度防止腐败,不给员工犯错机会。这是制度有情的一面。"

王健林十几年前就讲:"不靠忠诚度靠制度。"社会诱惑多,忠诚度在发生变化,制度设计必须建立在不信任任何人的基础上,以防范风险。

企业管理制度具有规范性,而且只有具有一定的规范性才能发挥企业管理制度的作用。

马云在35岁创立阿里巴巴,49岁辞任CEO,作为中国互联网领袖级人物,马云的阿里巴巴和马云本人都惊艳了中国互联网,而马云在建立董事会制度、培养接班人和权利控制分配等方面独特的管理思维,为互联网行业甚至商业领域提供了重要的参照范本。在阿里巴巴内部有一个绩效管理制度,这项制度按季度对员工进行业绩评分,而奖励的形式有加薪、股票期权、奖金和新的工作机会等,这种管理制度大大提高了员工的工作积极性,坚持公司的目标,完成本职工作。制度的建立让员工无论在工作还是日常行为中,都有一个标准,这个标准也引导着员工朝着公司发展目标一起前进。

广东华红农牧集团的"7S管理体制"也是一个成功的典型。7S管理是根据5S体制不断深入而形成的,5S起源于日本,核心为"整理、整顿、清扫、清洁、素养",指在生产现场对人员、机器、材料、方法、信息等生产要素进行有效管理,而7S是在此基础上,加入"安全和节约",一共是"整理、整顿、清扫、清洁、素养、安全、节约"七个要素。

古人云:"无规矩不成方圆。"规矩是人类生存与发展的前提和基础,作为个人,遵守规矩才能迎合时代与社会的发展,而作为企业,在发展过程中不仅要守规矩,还需要建立自己的"规矩",这个"规矩"就是企业内部的管理制度。无论国内还是国外,大大小小的企业数不胜数,而每年都有许多企业倒闭,在同行的竞争中被淘汰,这其中原因要么是企业市场竞争力不够,要么就是内部管理制度不完善,员工变动,人才流失。相反,在行业激烈的竞争中脱颖而出的那些著名企业,它们都有着自己独特的管理体制,这些管理体制在自身企业发展中起着关键性作用。试想,一家拥有几千名员工的企业,如果一心只想着对外扩张,扩大企业板块,而忽视了内部员工的管理,没有具体规章制度去约束员工的工作范围甚至是行为规范,这样企业内部的执行力和凝聚力都已经是个问题,更谈不上员工与企业共同发展和进步。

6. 用企业文化增强员工凝聚力

王健林在2006年7月27日的博客上发表了一篇文章《追求企业经营的最高境界》，主要介绍万达的企业文化，其中他对万达企业文化的做法，关于什么是企业文化，企业文化的内容是什么，企业文化对企业的帮助是什么等，都做了深入的分析和论述。

万达集团成立于1988年，1992年成为东北第一批，也就是前五家股份制试点改造的企业之一，比较早的实行了产权改造。经过18年发展，万达集团已形成以商业地产、住宅地产、文化产业、高级酒店为四大支柱产业的大型企业集团。

在2001年年会上，万达集团在中国房地产企业中率先提出一个口号，要做百年企业。房地产企业的特点是现金流不稳定，开发的时候现金流很大，前期整理的时候却几乎没有现金流，而且受政策的制约比较大。就是在这样一个行业里，我们也提出要做百年企业。

做百年企业需要什么条件呢，我们当时分析要具备物质、制度、文化三个方面的条件。第一，做百年企业要有强大的物质基础，不能说企业生存还有危机，就提出做百年企业，这不现实。一般是进入到中寿，企业有一定物质基础，有一定实力，可以提出这个口号。第二，做百年企业要有制度基础，要有现代的企业制度作保证。第三，也是我们觉得最重要的一点，要有优秀的企业文化。如果没有优秀的企业文化，前两条不能持久。我们认为这三个条件之中，文化是百年企业或者成为长寿企业、成为优秀企业的根本保证,是最核心的基础。

万达用企业文化增强员工凝聚力,它提出靠五个方面来吸引人才和留住人才:第一是良好的企业发展前景;第二是广阔的个人事业平台;第三是和谐简单的人际关系;第四是一流优厚的物质待遇;第五是独特优秀的企业文化。这是我们在七八年前就提出来的口号。

现代企业竞争有四个层面。第一是产品竞争,人无我有,你做啤酒我没有啤酒,那你就行;第二是价格竞争,都卖啤酒,我比你便宜,我肯定制胜;第三是质量竞争,价格都差不多,但我好,我独特,我就胜了;第四是品牌竞争,前面几个层次的竞争是浅表层次的,进入品牌竞争后是中高层次的竞争。这个时候大家更注重树立品牌,稳定市场占有率,深入人心,形成消费者的品牌忠诚度。

企业管理刚开始是经验管理,靠老的经验,教你独门绝技;其次是要有制度化的管理,强调企业管理制度;但这还不是最高阶段,真正最高层次的管理是文化管理。我有两句话说是:"人生追求的最高境界是精神追求,企业经营的最高层次是经营文化。"人生需求是五个层面,从温饱、小康、富裕、成就,到最后是精神。凡是大成功者,大政治家、大科学家、大企业家,最后无不是追求精神层面的享受。

企业文化不是一成不变的,它不但是变化的,而且随着企业成长阶段的不同,它的文化也不同。伴随着企业的发展历程,企业文化也在不断地变化、充实和改进,一成不变不是优秀的文化。万达文化的发展主要分三个阶段:第一阶段强调诚信经营,解决最基本的立身问题;第二阶段强调社会责任;第三阶段强调追求卓越。随着企业发展的阶段不同,有不同的主题。

企业文化有两大特征,首先是差异性。产品是可以无差异的,你做什么,我就学什么。差异是在文化上,企业文化一定要有自己的特色。其次是不能克隆。同样是房地产企业,万达的文化和万科的文化是不一样的;同样做啤酒的企业,青啤的文化和哈啤的文化肯定也不同;同样造汽车,奔驰的文化和丰田的文化肯定不一样,同样是日本造汽车的,丰田、本田、三菱,你脑袋里出现这些汽车的时候,你自己感觉也不一样。是什么区别呢?不是产品本身的区别,而是企业本身的特色,它的文化、战略上的差异使你感受到区别。

企业文化是企业生命的灵魂,是企业发展的动力,企业文化的优劣直接影响到企业的成败。优秀的企业必然有着其独特的优秀的企业文化,但无论多么优秀的企业文化最终都会走向一个共同的目标——为员工、为顾客、为社会大众创造幸福人生,这才是企业文化建设的最高境界。

首先,经济发展的目的决定了企业文化建设的终极目标就是为全人类创造幸福人生。我们发展社会主义市场经济,是为了满足人民群众日益增长的物质和文化的需要,简单地说,就是为了让人们生活得更好,让所有的人都拥有一个幸福的人生,而企业作为国民经济的主导力量,肩负着不可推卸的责任。

其次,企业经营的目的也决定了企业文化建设的最终目标是为顾客、投资者和员工创造幸福人生。企业经营的目的是最大限度地赚取利润,受益者一是投资者,二是企业员工。为了达到令投资者和员工满意的目标,企业首先要想尽办法为自己争取顾客,尽其所能地满足顾客的需求,提供令顾客幸福的产品和服务。

7. 严格执行奖惩

很多企业制度制定了不少,科技水平也不低,但依然管理不好,重要原因是奖惩不明,员工积极性调动不起来。

对此,王健林说:万达的做法是严格奖惩。

一是领导以身作则。万达多年实践证明,不管国内企业还是海外企业,一个单位精气神如何,风气正不正,关键在于一把手。我是万达创始人,而且是绝对控股的大股东。但我依然坚持,我要求员工做到的,自己首先做到。论敬业,我每天7点多到公司,早来晚走,很少休息,是最勤奋的企业家。讲廉洁,招投标我从不干涉,在公司里没有我的任何亲戚,而且我对自己的亲属也严格要求,不允许亲属与公司做生意。讲用人,我不论亲疏,只看能力,员工在万达工作好就是最好的关系,提倡人际关系简单化。所以到现在为止,在公司里我敢说一句话:向我看齐。

二是所有考核量化。要做到公平公正,不以主观取人,关键是考核指标量化。万达要求所有考核指标量化,不能凭主观感觉。经营部门每年签决策文件,各项考核指标清楚。非经营部门,如人力资源中心,我们会根据项目开发计划,列明每年需要多少高管、多少员工,储备多少干部,用人有什么要求,多长时间到位,做到指标量化。企业文化中心从企业官网流量、新闻报道、员工文化活动、公关关系等方面进行量化。

三是严格执行奖罚。规矩定了,关键看敢不敢较真,这就分出管理水平。比如万达院线有一年自己把指标定高了,相当一部分影城辛苦一年，算下来一分奖金都没有，这时候发不发钱就要较真。在万达不讲情面，都是按制度。所以万达有的项目总经理奖金比副总裁拿得还多，同样的公司同样的岗位，薪金可能相差3倍，但大家都服气。在万达，违反制度就要受到惩罚。万达曾有一位主管招投标的副总裁，在一次电缆招标中，违反规定让排名靠后的单位中标，后来事情暴露，我们二话没说把他开除了。

四是内部审计制度。万达有个很厉害的审计部，兼有审计监察双重功能，人、财物都直接归我管理；人员很多是审计师、纪检人员出身。我们对所有公司每年一审计，审计后出示三种意见：第一是管理建议书，不处罚，只提管理建议；第二是整改通知书，有处罚，但限于行政经济处罚；第三是审计通报，开除责任人或移送司法。万达审计非常严格，这些年开除了不少人，每年都有几人被移送司法机关。这种内部审计制度对内部人员违规是很大的震慑。由于奖惩严格，万达基本做到令行禁止，所以很多人说万达企业管理就像军队一样。

适度的奖酬能激励人心，必要的惩戒能让员工更加自律。身为一名管理者，必须对员工做到赏罚分明，这样才能让下属信服，使企业与员工之间达成双赢的局面。下面为大家介绍管理者应该如何做到赏罚分明。

奖酬体系及注意点

时下，各个企业中都有一种普遍存在的情形，就是很多员工在上班时慵慵懒懒，下班后却生龙活虎，似乎从一上班开始就在等待着下班时间的到来，为了解决这种问题，很多管理者都推出了一系列方案来激励员工的情绪，然而要想取得一定的成效，管理者还需要明白怎样的激励才能从根本上提高员工的工作激情。管理者给予的奖酬要想达到激励员工的目的，首先要明白一些激励理论。

期望理论认为:如果个体感到在努力与绩效之间、绩效与奖赏之间、奖赏与个人目标的满足之间存在密切联系,那么他就会付出高度的努力;反过来,每一种联系又受到一定因素的影响。每个员工的个人能力不同,管理者在进行绩效评估时一定要公正、客观,不能一概而论。当员工感到自己的绩效使自己获得奖励时,他会在往后的工作中付出更多的努力。奖赏与个人目标的满足之间的关系在期望理论中尤为重要,当个人由于他的绩效而获得的奖赏满足了与其目标一致的主导需要时,他的工作积极性会非常高,在工作中也会付出更大的努力。

强化理论认为:组织的奖励强化了个人的绩效。如果管理层次设计的奖励系统在员工看来是用于奖励卓越的工作绩效的,那么奖励将进一步强化和激励这种良好绩效。

公平理论认为:个人在将自己的付出所得与所得比率同相关他人的比率进行对比,若感到二者之间不公平,将会影响到个体的努力程度。

因此企业对员工的奖酬应注意以下几点。

(1)管理者给予的奖励应该在一定程度上能满足员工在某些方面的需求,比如管理者要了解员工希望从工作中得到什么,这种希望的获得一方面需要管理者在平时对员工多关注,了解他们切实的需求,另一方面还需要多沟通,直接询问员工的需求与期望,这样,在一定程度上就能做到按需奖酬,对于员工的工作激情具有很大的调动作用。

(2)奖励的多少应与员工的工作业绩相互挂钩。管理者奖励员工的目的是为了使员工的行为有助于组织目标的实现,如果奖励不与员工的工作绩效挂钩,那么奖励就失去了意义。可以通过按绩分配、效益分享、按劳分配、目标考核法等。

至于给予奖励的方式,一般有两种,即奖金部分和非奖金部分。奖金激励是企业最常用的激励方式,因为随着物价的上涨,一般员工的正常薪水只能满足日常的生活开销,而高额的奖金能使员工得到物质上的激励,从而达到让他们努力工作的目的;非奖金部分是指除了加薪制度之外的口头激励方式,管理者要肯定和承认员工的成绩,适时地给予口头的嘉奖或公开的表扬,这种方式能使员工从心理上有种被承认和认可的感觉,从而也能对员工起到激励的作用。作为管理者千万不能吝啬你的语言,一句鼓励,一个微笑起到的作用要远远胜过怒目相斥。

惩罚是保障

惩罚作为一种负强化手段,与奖励这种正强化手段是共生的,二者缺一不可。它可以有效地防止和纠正各种非期望行为,借以保护多数员工的主动性和积极性。但处罚制度应合理,处罚的目的是鼓励员工在工作中行为审慎。在一个机构中,规章制度所起的作用与法律在社会中的作用一样,违反了这些规章制度就必须受到纪律处分,所以企业确立一个公平公正的纪律处分程序是很重要的。

惩戒要想达到既定的目的,就得按号入座,先了解惩戒对象是哪种类型的员工,有的员工好逸恶劳,尽可能地逃避工作,并且抗拒变革,对于这种类型的员工,须以惩罚来强迫、或威胁他们朝向组织的目标努力,严格按照规章制度进行惩罚。而有的员工平时工作努力认真,做事积极谨慎,只是偶尔出现的无心之失,犯了点小错误,对于这样的员工,过于严厉的惩罚反而会挫伤他们的工作积极性,受批评的人不仅听不进批评的内容,反倒会因当众被斥而感到屈辱,在这种屈辱感的强烈作用下,内心会愤愤不平,在这种情况下,是不可能平心静气地进行反省的。而鼓励和适当的宽容也许会取得较好的效果,使犯错者心存感激,在工作中会更加努力。

当你确实要对下属进行批评时,必须注意当时的场合和氛围,在不伤和气、又给人面子的情况下语重心长地批评,注意批评的言辞不可过于激烈。这是领导者所应该采用的批评原则和方法。另外，还有一种惩罚的方式是变惩罚为奖励，这样达到的激励效果甚至比单纯奖励更好，这就是惩罚的艺术性。

总之，管理者做到赏罚分明是企业关注员工心理平衡感和公平感的重要内容，一个能做到赏罚分明的管理者才能使员工内心有公平感，才能达到更好的激励的目的，各社会组织管理层应把对员工公平感的关注融于日常的工作中，从大处着眼，从细处入手，以提高员工工作热情和积极性。管理人员要做到办事公正，赏罚分明，即把一碗水端平，适时、适当奖赏，适度惩罚，掌握赏罚的艺术性，才能真正做到赏罚公平，才能更出色地打造你的企业和团队。

8. 变化发展的企业文化

王健林在带领万达从一个胜利走向另一个胜利的过程中总结出：企业文化不是一成不变的，它不但是变化的，而且随着企业成长阶段的不同，它的文化也不同。伴随着企业的发展历程，企业文化也在不断地变化、充实和改进，一成不变不是优秀的文化。

他说："万达文化的发展主要分三个阶段：第一阶段强调诚信经营，解决最基本的立身问题；第二阶段注重社会责任；第三阶段强调追求卓越。随着企业发展的阶段不同，有不同的主题。"

第一阶段：强调诚信经营

万达集团于1988年成立，1989年提出一个口号："老实做人、精明做事"。王健林说："当年的房地产市场和现在远远不同，那时候买房子需要批条子，房地产执照也是国家统一严格管理，一个城市只发几个，管制非常严。又没有现在的面积认证、质量投诉，完全是卖方市场，你想怎么干就怎么干。那么好卖的情况下，好多房子都是粗制滥造，但是我们强调诚信经营。我当时就跟员工讲，大家想远一点，肯定不远的将来，这个局面会改变，不会像现在这么火，完全是卖方市场，也是不幸被我们言中。过不了几年，房地产市场逐渐地放开，企业也多了，1991年、1992年全国土地公开出让以后，变化更大，凡是初期不强调诚信的企业基本都死掉了。

我们也最早提出，卖房子保证面积不短缺。我们卖的房子如果和产权证面积不符，缺一赔三。企业解决生存的时候就是靠诚信经营，这些文化的东西，使我们在大连很快站住脚。大连有一句老百姓家喻户晓的名言：住好房，找万达。可以说，万达的房子任何时候都不愁卖。1998年我们杀出大连，走向全国，也是靠这套理念。"

第二阶段：注重社会责任

企业发展到一定阶段，有一定的钱了，企业的追求就有改变了。"可能是因为我本人受儒家的文化影响比较深，再加上我们企业的核心班子成员认识比较一致。所以我们很早就提出企业要注重社会责任，而不是现在强调企业公民、社会责任、慈善捐助成为风气、成为时尚的时候有些企业才来做。我们在1990年，企业成立第二年就开始有了企业第一批慈善捐助，也就是刚刚解决吃饭问题的时候，我们就想到了社会责任。"王健林如是说。

万达将"共创财富，公益社会"作为企业的核心理念，并持之以恒坚持到现在。万达还提出"三个高于"的核心价值观："首先是人的价值高于物的价值。在企业内部，我把我的员工、人才看得比什么都要重，强调人是资本。其次在面临集体与个人的问题时，我们强调企业的价值高于个人的价值，个人要有牺牲精神。我们企业在全国接近30个城市有投资,不管什么地方人,派你到另一个地方,有好的城市,也有艰苦的地方,你愿不愿意去?还有工作也调来调去,经常变动,有时也需要员工做出牺牲,所以我们在企业内部强调企业价值高于个人价值。最后是当企业和社会相比较的时候,我们提出社会价值高于企业价值。当企业行为方式和社会准则发生矛盾时,肯定是服从社会。绝对不去赚昧心钱和不道德的钱。'君子爱财,取之有道',这也是我们儒家的一个传统思想,我们一直践行这个思想。"王健林对此解释说。

第三阶段:追求卓越

从2003年以后,万达提出:"国际万达,百年企业"。"从这个时候开始,我们的文化取向、企业目标就发生了变化。目标更远大了。'国际万达'有三个标准。第一是合作伙伴国际化。万达从2001年开始在全国投资商业地产,做这些需要吸引租户,当时就提出原则上必须要和国际级的租户合作。至今万达已经有30家签订了战略合作协议的伙伴,其中12家是世界500强企业。第二是企业管理水平国际级。我们不满足做得好一点,要看到自己的差距,参照的是什么,如果参照的是国内的行业,可能觉得就足够了。但是跟国际上的大腕级企业相比,就觉得自己还是太小,还需要不断地爬坡。第三是最终要自己发展成为国际级企业。举个很简单的例子,万达有一个主业是文化产业,做电影院线。中国的文化产业刚刚提出由事业向产业转化,还不发达,我们在里面做很容易。十几家电影院线,100多块屏幕,几个亿销售收入就第一了。可是你放到全球看,全球第一的加拿大Loews院线有2000多块银幕,排名第二的美国AMC有1000多块银幕。如果跟这些企业一比,就觉得自己还是太小,一点骄傲的资本都没有。有了这样的目标,有了国际级的定位后,就促使我们的员工要少骄傲,少懈怠,始终要有追求。百年企业的标准就是基业长青,怎么样才能做到基业长青呢,就是不断地超越自我。"

第十章

慈善和公益是永恒的不动产

1. 做慈善要有创新

作为知名企业，万达集团在商业领域的举动往往更容易令人瞩目和难忘。事实上，作为"能力越大责任越大"者，万达及其董事长王健林在慈善公益界的成就，同样是中国企业界的翘楚——万达是中国民营企业慈善捐款最多的企业之一，累计捐款超过28亿元，同时也是中国最高慈善大奖"中华慈善奖"举办7届以来，唯一获得6次大奖的企业。

2013年，王健林在接受采访时，曾谈及他对于慈善公益事业的未来筹划和思考，透露了万达在慈善事业上的投入计划，以及他对慈善的目的、慈善的创新以及如何改进慈善环境的看法。

下面是采访记录整理：

记者：作为大众眼中的商界强人，最近万达在商业上做出很大举动。但你同时也被看作是一位慈善界的风云人物，请问最近在这方面是否也有大举措？

王健林：慈善本身不为博名，为名而善就不是慈善的目的。做慈善，我受传统儒家思想影响比较深，觉得做人能力越大责任越大，觉得自己有能力的时候就帮一点人，能力大一点的时候就大帮一点人。我就是传统文化的一个传承者、一个实践者而已。至于做慈善的这些年，我们无非就是企业的现金流实力越来越大，可能每年的规划预算在这方面多一点。我们近期做的计划就是，从2011—2015年是20亿元，平均每年4亿元的安排。我曾经想过，如果我的商业地产上市，可能我就会宣布把我在商业地产集团这部分股份捐出去，做一个大的慈善基金。这块资产大概相当于我在商业地产的资产的90%。慈善是一门专业，我们仅仅把它看成乐施行为是不对的，我会找一个团队来运作这个事情。

记者：两年前就有传言你将建立慈善基金会的计划，进展如何？

王健林：万达商业地产上市计划在两年前就报到证监会，目前没有获得批准。在正式获批上市之前，股东是不能变更的。我给民政部也写了一个报告，拟成立王健林基金会，民政部是同意的，并建议未上市前可以把大股东调成王健林基金会，但是监管部门还没有给出明确意见。

记者：我看到有媒体报道，说您在慈善方面也想做很大的事业，要做比巴菲特、比尔·盖茨更强的慈善家，是这样吗？

王健林：那可不敢比。做慈善最好不要比较，如果一定要比较，作为富人来讲就是比数字了。当然也可以比具体的慈善行为，比如是不是真心实意啊，是不是每年都身体力行啊，但这很难给一个尺度来衡量。

王健林的谜 万达的那套办法

记者：您当初说道把您大约90%的资产捐出来做个人基金的计划之后，我看到一些网友有这样的评论，觉得您是不是受到巴菲特他们的启发？

王健林：不会。我以前曾经有一个演讲，我认为中国慈善没必要学美国，我们老祖宗行善的传统比他们强多了。过去一有灾害，富人出来施粥或赈灾，这是非常普遍的。做慈善，中国比美国早多了，只不过美国是用现代慈善的方法，建立一个规范的公司，有预算，有安排，有最后的调查回馈，看捐赠行为是不是真的落实了，这一套现代的方法可能我们不如他们先进。我不承认是受了他们的什么影响，我受中国传统文化的影响更多一点。

记者：当初为什么会投入慈善事业，而且坚持这么多年呢？

王健林：有两方面原因吧。一是家庭的教育。老辈人受中国传统文化的影响，讲为人要行善，对我有一些影响。我做了生意以后，也没有想到第一年就赚了大钱。我1988年成立公司，年底拿了第一个项目，是一个创新性的、搞棚户区改造，在全中国搞棚户区的改造，万达是第一家。当时一个小区就赚了一千多万元，三四十个人的公司一年就挣了一千多万元，那时觉得了不得了。中国文化核心的两点就是中庸和平衡，我们就觉得是不是回报一点社会，心里平衡一点，舒服一点，所以一开始就捐了100万元。二是我们的行为得到社会认可，给予很高评价，就觉得，哟，这个事挺好，也就开始做第二次，慢慢形成了公司的一个文化。

记者：似乎在现在的社会做小一点的善事大家会支持，但是做越大的善事遭受的质疑也会越大。这些年我们知道万达做慈善受到的质疑甚至是非议也不少，这些会对您有什么影响和改变吗？

王健林：没有改变。因为首先我有一个基本判断：质疑的总是极少数。我觉得什么事都要用辩证的眼光来看。毛主席在过去老是讲"做什么事都要想95%",我觉得这个讲法很有道理。做什么事都要分析什么是多数什么是少数。即便你在网上看到做一件事情质疑的(意见)是50%,那也不意味着那50%就是真正的50%,因为很多人没时间上网去发言,所以我有一个判断,我觉得质疑你的人或骂你的人是少数,既然是少数就不必去介意。你行善的目标是什么?我觉得只要不是为名而善,就应该问题不大。

记者:在商业领域您一直是以倡导创新模式而著称的,在慈善公益方面,是不是也有创新的做法呢?

王健林:我们在慈善公益方面当然也是有创新的。比如说我带头在工商联搞了一个"慈善委员会",我们拿出一部分钱去四川的巴东仪陇地区搞捐赠,但不是直接把钱给他们。我们跟工商联一起,派了十几个人去做调研,每个县选一两个乡,支持当地做农业产业发展,钱是借给他们,要求三年还回来,不付息。这样做的结果,(资金)归还率还是很高的,有接近80%收回来了。如果我们每户给个5万元、10万元,一个县撒1个亿,这一点作用都不起。这就是慈善创新。

此外,过去做慈善我一直把扶助贫困、支持教育作为我们的主要目标,但最近几年我逐渐转向支持青年创业。我在两年前跟四位企业家一起,与团中央创业指导基金合作,创立了一个青年创业基金,叫"瀛基金",我们创立了一种模式,在全国设立了大概20个指导中心,要求选择创业5~10年的企业家做指导老师。大学生和青年人要申请创业,那么你的计划必须要请两位指导老师评估和指导,等两位老师都认可再报给指导中心,指导中心再报给基金会。我们原则上每一个人每一次不超过100万元的资金扶持,特殊的项目可以给300万元,而且只能无息借给受助人,受助人必须承诺到期归还。这种方式已运作几年,还款率非常高,能达到90%以上。

我有一个想法,以后我要更多地以支持青年创业为慈善发展方向。两个原因,一是支持创业符合现在的趋势,靠创业带动就业,创业才能致富。更多人创业国家才有希望。我也在观察,从2000年到现在,几乎没有出现成功的创业家。我觉得如果中国创业成功的企业家出现断代,可能对国家的危害比政策的失误更危险,所以从这个层面讲,我愿意支持更多的青年创业。

2. 从"闹妖"到首善,中国慈善事业的先行者

慈善之路始于1989年。那年是王健林下海创业的第二年。他于1988年获得大连一个棚户区改造项目,一年后赚取一千多万元,这是他的第一桶金。面对这笔巨款,王健林捐出了100多万元,用于创建幼儿园。回忆20多年前的第一笔大额捐赠,王健林对慈传媒《中国慈善家》感慨,"相当于现在的三千万元左右。"不过他又坦陈,当时有两个"需要"促成了捐赠:一是政府领导找他捐款,为了给领导面子而捐;二是为了员工子女上幼儿园方便。两三年之后,他又在当地捐建了一座体育馆,价值两千多万元。"现在绝对值大钱了,起码值几个亿,当时对我来讲还是蛮吃力的。"

在王健林做慈善的前十年,无论是他个人还是企业,捐赠都没有免税政策,需要缴纳所得税。一边做慈善,一边还要遭受质疑。王健林忆及最初几年做慈善,被大连人认为是"闹妖"(大连话,搞怪事的意思)。尽管有这些困扰,王健林还是坚持做下去。"我很早就开始做慈善,可以说我是中国慈善事业的先导者,或者叫作先行者。"王健林认为。

之所以边赚钱边捐钱,王健林认为是儒家文化决定性地塑

造了他的慈善价值观和商业伦理。1954年出生的他,成长年代正是"破四旧"和"文化大革命"时期,在学校并没有机会学习儒家典籍,但他仍从父母那里学到了孝、善。王健林说,他的父母让他做善事、守规矩,直接影响到他后来做慈善。如今,王健林喜欢称扬对儒家的认同,并展现文化自觉。他在万达集团内部推动集体学习儒家经典,从《论语》开始到《礼记》。

与王健林保有二十多年友好关系的中国企业家俱乐部创始人、正和岛创始人刘东华,对慈传媒《中国慈善家》表示,王健林讲义气,仁厚。曾是资深媒体人的刘明胜说,王健林外表坚强、刚毅,但内心非常柔软,尤其见不得别人有困难,见到有困难的就会两肋插刀。一些不为人知的慈善细节是,王健林看报看电视,时常看到一些人遭遇各类危难,他会拿出自己的钱,直接让下属悄悄地送给困难者,而且不允许留名。"像这种情况我遇到过很多次,外界很少知道。他有很多的捐赠是大家都不知道的,我们集团知道的可能也就一两个人。"刘明胜说。2012年7月21日,北京发生洪涝灾害。第二天,王健林在公司吃早餐,从电视中看到新闻,直接指示刘明胜为受灾区捐出1000万元。

王健林的主要捐赠方向是扶贫和教育。他带领万达地产在全国布局扩张,也在全国捐钱。每到一个城市开发万达广场或者商业项目,万达总要捐出一笔钱或捐赠学校。他认为这种好的慈善名声虽然看不见,却可能得到其他地方政府的信任,有助于万达的发展。

当然,事实总不是尽然。2010年,为支持南京金陵大报恩寺重建,王健林一次性捐赠10亿元。原本是一件功德善事,却引来争议。对持续的争议,王健林说,"一边做商业一边做慈善,被认为是一种矛盾,这个观念太落后了,以后社会上的这种声音应该会越来越小。"

伴随着争议,他坚持只做不说。近些年来,他年度捐赠的数额从1亿元增长到2亿元、3亿元,再到这两年的4亿多元。

在成为商业王者的同时，王健林的慈善标签愈发明显。2005年，民政部颁发首届中华慈善奖"最具爱心慈善捐赠个人"，王健林一人摘取。那时，他在福布斯中国富豪榜上的名次仅排在第44位。此后8年，他又两次获得该奖项。在中国，富豪榜和慈善榜两个榜单前十位的名字极少重合，赚钱最多的人并非捐钱最多的，捐钱最多的也并非赚钱最多的。鲜见的例外就是王健林，去年，他不仅以千亿元左右的财富位列首富，也因4.38亿元的捐赠成为首善。"慈善投入大，是钱赚多了之后的必然选择。"王健林说。

3. 想做"最大慈善家"

王健林早期崇拜的人是汉武帝；现在，他崇拜的人已是比尔·盖茨。"我比较欣赏比尔·盖茨。他在那么高的位置急流勇退，而且专心做慈善，确实不错，值得学习。"他希望做盖茨一样的世界级慈善家。唯一的不同是，他不会把个人财富全部捐出来，而是捐出90%。

"我没有比尔·盖茨那么伟大，把所有的钱都捐出来，除了留两百万美元给孩子。我觉得这不符合中国的传统，没有必要。为什么我还要留一部分给孩子呢？不光是让他生活得更好，还要给他留一部分做创业的基础。"王健林说。

从1988年创业至今，王健林的个人财富呈几何量级增长。近年的多个榜单，他都是首富。他的财富规模已达到了千亿元左右的庞大规模，一旦上市，他的财富量级将跃上更高台阶。届时，捐出90%的财富，则意味着他在国内的慈善家中一骑绝尘，远远超过曹德旺、牛根生等大慈善家,也将超过李嘉诚,而王健林基金会,成为中国最大的慈善基金会自然无可争议。

对于90%的财富到底如何捐到基金会,王健林还没有确立固定的模式。在他看来,一种是直接捐现金成立基金会,靠基金的滚动发展;一种是不卖掉股权,将股权捐到基金会,或者在转不过去的情况下,先把每年的分红捐到基金会。

早在十年前,王健林就有了做中国最大慈善家的梦想。2005年,万达分别在北京、上海和宁波布局了三个商业地产项目,这是万达广场发展的第三代,集商业、酒店、写字楼、公寓等于一体。王健林豪迈地喊出,这是万达的三大战役,如果胜利了,万达的新模式就出来了。后来的事实证明,他成功了。万达广场的模式受到各地欢迎,万达进入了更快的发展轨道。王健林的财富自然水涨船高,他在富豪榜上的名次从40名之外快速跃入前十名,直至首富。在这样的势头支撑下,除了购买私人飞机、游艇等奢侈品之外,王健林的最大梦想是做最大的企业家,进而转化成最大的慈善家。"现在看,当然是接近实现这个梦想的时候。"王健林告诉慈传媒《中国慈善家》杂志。

"与私人飞机、游艇给他带来的享受不同,慈善在给他带来别样的满足感。"王健林行善二十多年的感悟是,做慈善是在帮助别人的同时获得自身心灵的满足感,真正做慈善的人,不是为了面子,而是为了自身心灵的一种满足。他视慈善为自我提升、自我完善的修炼。

关于最大慈善家的"最大",王健林的理解是,资金是核心标志。"比方说,每年捐一个亿和每年捐一百个亿,你一定要说捐一个亿的贡献更大,我觉得是比较牵强的,当然不排除有些人会有这样的意识,但是我觉得大部分人会觉得后者贡献更大,就像捐一个亿肯定比捐一百万贡献更大。"

除了资金的最大,王健林也希望在慈善项目上展现大和新。

2013年，王健林推出"万达集团大学生创业计划"慈善项目。为了该项目，王健林每年捐赠5000万元，支持100位大学生创业，每人提供50万元资金。该项目将持续十年，最终投入5亿元善款，支持1000名大学生创业。万达为创业大学生提供了8个创业方向：创意精品、潮流配饰、个人护理、特色餐饮、西饼蛋糕、饮品、甜点和DIY手工巧克力。这些创业项目均落户于万达广场。

这是王健林做慈善的最新动向，这一块，接下来将成为他的重点慈善项目。"根据我这么多年的慈善经验，我不太主张把我的钱都拿去做扶贫——一部分是要做的，但是更多的是要支持有梦想的青年人，这个意义可能会更大。"王健林说。近年，大学毕业生更多愿意选择报考公务员，不再有更早前的一股子闯劲。同时，近十年，并没有出现大规模的创业企业家，与改革开放前20年不可同日而语。据刘明胜介绍，王健林对此类现象颇为担忧。

早在2010年，王健林和马云、丁磊、郭广昌、柳传志、董文标等企业家共同捐资发起成立瀛公益基金会，主要项目就是扶持青年创业。如今，王健林不再参与该基金会的事务，但他认为为现在做大学生创业公益项目提供了方向和经验。

不过，对于目前采用万达广场的优势平台支持大学生创业的方式，王健林并不十分满意。他说，如果将来找到合适的团队，就不再选择这样的模式。在他看来，这种创业独立性不强，仅具有示范性，将来还是要走社会化。"如果万达创业计划今后一二十年能培养出几个、十几个连锁经营的一流企业家，这个项目就意义非凡。"王健林说。

此外，最近王健林的另一项大手笔是，从明年开始，未来的十年，万达要捐出20亿元，用于支持青少年足球。

2013年，邵氏电影公司创始人邵逸夫去世，因他在中国大陆参与捐赠的数千所逸夫楼而获得大众的感念。"这样的好处是容易被大家看得见，记得住，是留名的一个好办法。如果把基金会做得比较大，可能这种留名的形式就不重要了。假如把基金会做到500亿元、1000亿元，甚至将来2000亿元、5000亿元，这么大的基金会将来会在社会、世界范围内产生影响，根本无须靠物体留名。这就是眼光、胸怀和境界的问题了。组织更优秀，组织留名就够了。"王健林说，"就像全球最大的慈善基金会比尔·盖茨基金会，就算比尔·盖茨去世了，这个基金会一定还是很厉害的。洛克菲勒基金会到现在不也是赫赫有名，卡内基基金会到现在依然还在发挥作用。"

伴随着万达的国际化征程，王健林表示，他将来肯定会走向国际慈善界，毫无疑问。

4. 共创财富，公益社会

在王健林的带领下，万达集团树立了"共创财富，公益社会"的企业使命。二十多年来，集团用于社会慈善事业的现金累计超过35亿元，是中国慈善捐赠额最大的企业之一。目前，万达集团每年的公益慈善捐款超过4亿元。

在社会遭遇困难的紧急关头，王健林总是带领企业积极捐款，并带动其他企业参与救助。2007年3月，辽宁省遭遇百年一遇的暴风雪灾害，万达集团第一个向受灾地区捐款700万元。2008年2月，中国南方地区遭遇百年不遇的大面积冰冻灾害，万达集团率先捐款600万元。2008年5月12日，汶川大地震发生，震后第一天万达集团向四川灾区捐款500万元，随后累计捐款达3.5亿元，是全国捐款最多的企业之一。2010年3月,万达集团向中国西南遭遇大旱地区捐款4000万元。2010年4月,万达集团向青海玉树地震灾区捐款1亿元。2010年8月,万达集团向甘肃舟曲泥石流灾害地区捐款1000万元,向吉林遭受洪灾地区捐款2000万元。2012年,万达集团为北京重大水灾捐款1000万元。2013年,万达集团向四川雅安地震灾区捐款1000万元。

在大量捐款的同时,王健林还建立和资助了各类扶贫济困基金。2005年6月,万达集团向大连市有关部门捐助500万元,成立了全国首支农民工援助基金,后又捐款500万元,使该基金总额达到1000万元。2007年2月,万达集团向民政部捐助500万元,成立了全国首支应急救助基金。2009年5月,万达集团捐款1000万元,率先在辽宁、河北两省建立贫困儿童重大疾病救助基金。2009年,万达集团向全国工商联扶贫专项基金捐款1500万元,每年深入西部贫困山村参加扶贫工作。2010年,万达集团向宁夏国家移民扶贫计划中的西海固移民区41所学校捐赠500万元,作为助学帮困基金。

现在,万达集团已形成一个惯例,每到一地开发,都捐建学校,已先后在全国捐建了四十几所希望小学和中学。

在近几年的财务计划中,万达集团每年都安排6000万元资金用于慈善捐助,每年年会都要对企业承担社会责任的情况进行总结。

大连物业公司员工杨英连续数年关爱无人照顾的社会服刑人员子女,王健林获知她的事迹后,给予她全集团通报表扬,并将她从一名物业普通员工提拔为部门副经理,工资涨了一倍。李建民是万达南昌地产公司的一名副总经理,坚持见义勇为十几年,还捐助了三十多名失学儿童。王健林知道他的事迹后,把他树立为全集团的先进典型并专门安排他在万达集团的半年总结会上作30分钟的典型发言,对他通报表扬,号召全体员工向他学习,同时给李建民晋升一级工资的奖励。2006年年底,万达又把李建民提拔为总经理。

王健林不仅个人带头，努力践行慈善公益，而且在全集团半年总结会上和年会上都要号召全体员工多做善事，对慈善工作进行表彰。在他的率先垂范影响下，万达内部形成了浓郁的慈善氛围。

　　从2005年开始，每一名新入党的同志都资助一名失学儿童，这已成为万达惯例。到目前为止，万达在全国已有70多家子公司，无一例外都成立了义工分站，每个万达员工都成为义工；集团专门下发文件，要求各地义工每年至少做一次义工，这在全国企业界中是极其罕见的。

　　王健林把扶贫作为企业承担社会责任的主要内容，长年坚持投入，先后在全国捐建了上百所希望学校；1994年开始，万达集团连续十余年帮助对口扶贫村大连普兰店市安波镇太阳村，累计捐款400多万元；2009年开始，每年春节，万达集团都要面向大连城乡困难群体举办"送温暖活动"，累计捐款超过3000万元。

　　王健林和万达集团在扶贫事业中的突出表现，受到党和国家的高度认可，累计7次荣获"中华慈善奖"，是全国获该奖最多的企业。2013年，中华慈善总会任命王健林为"中华慈善总会荣誉会长"，他也成为了国内唯一获此荣誉的企业家。

5. 成立个人基金会

　　"招聘基金会CEO，年薪80万～120万元。"

　　2014年5月，这条招聘信息在微信热传。高额的薪酬，不具名的基金会，引起慈善行业热议，一些身怀抱负的基金会秘书长开始摩拳擦掌。万达集团总裁助理、企业文化部总经理刘明胜向慈传媒《中国慈善家》证实,该基金会正是即将成立的"王健林基金会"。面试仍在进行中,最后需要王健林亲自拍板。

"要找对的人,做对的事。人不好找,找人不是简单的事情,不是找个人就能干的,找到一个自身愿意做这个事情还有水准的比较难。慈善需要一个很专业的团队。"王健林告诉慈传媒《中国慈善家》,之前有人找到他自荐担任基金会秘书长,不过都是退休官员,"我根本就不放心"。

王健林基金会将是一家资金规模巨大的基金会,它的秘书长人选既需要有跨国视野,又要熟谙国内慈善行业和项目运作。王健林为秘书长一职开出了超出国内慈善行业心理预期的薪酬,他希望用丰厚的薪酬吸引优秀的专注于慈善的人才。不过,这份让慈善行业艳羡的待遇,放在万达高管中并不离谱,它是参照了万达管理人员的薪酬模式确定的。

这是王健林基金会成立之前的正式预热。王健林表示,今年会向民政部申报筹建基金会,并拿到执照。

早在几年前,王健林就向民政部申报基金会,不过时机一直不太成熟,被搁置起来。之所以到现在为止基金会都没有成立,直接原因是万达商业地产一直未能上市。

王健林的设想是,全力以赴把万达商业地产做上市,股权结构等更加清晰,有助于向基金会进行捐赠。"成立王健林基金会和万达商业地产正式上市这两件事情,还是后者更重要。我不可能说先成立王健林基金会,再说公司发展,那是很愚蠢的。"今年,王健林的战略布局重点仍在商业:第一,让万达商业地产上市;第二,成立万达金融集团;第三,万达电商正式上线。"这几件事情顺利做完,万达在一个比较顺的道路上,那时我可能会正式找人来操作基金会。"

2010年，万达商业地产就向中国证监会申报IPO，欲在A股上市，不过一直处于"排队"等待中。王健林年初强调，今年的工作重点是推动万达集团旗下的万达商业地产和万达院线两家公司上市。这个目标若得以实现，将直接推动基金会的成立和发展。

国内企业家成立的基金会多为企业基金会，而王健林则旗帜鲜明地成立个人基金会，避免企业和基金会剪不断的关系。他也特别指出，王健林基金会不是家族基金会，而是个人基金会。"我夫人和孩子的钱不会捐出来，他们的钱是他们自己的。这个事情得说清楚。"

没有成立基金会之前，王健林一以贯之的都是大手笔捐赠。经过20多年的简单捐赠之后，王健林的慈善观念已发生改变。从早期的慈善就是扶贫助残，到后来他逐步认识到慈善是一个完整的事业，扶贫助残仅是其中的一块。他发现，怎样让社会认可慈善事业，甚至让民众自觉参与到慈善事业中，意义更大。而这就需要一个组织来做，不再像之前他每年除了捐钱，仅仅是到贫困点走一两趟。

6. 以"仁"辅"人"的生意经

仁者爱人是慈善的本质。而王健林以"仁"辅"人"的生意经，却颇耐人寻味。他那勇于承担社会责任的"仁者"之举，一半确实出于儒家情怀的爱心，另一半却出于生意好做的考虑。因为万达的一切布局都是围绕"人"做生意，起初以房地产开发为主业，后来不断颠覆行业以及自己，现在已集地产、酒店、旅游、电影院线和连锁百货这五大主营业务同时打包上线，形成虚拟的"线上商业综合体"。

王健林的谜 万达的那套办法

可以说，万达已进入了快车道，现在想慢下来，都难。不过，在伴随着鲜花与掌声的同时，自然也难免有批评与质疑的声音。譬如中国民营企业普遍缺乏长期资本，如果没有一些非正常交易，万达如何获得超越式发展？它的模式，在中国商界还没有参照系。

"万达不是神，只是有经验、有专业精神。"王健林认为万达主要的特点是"很实在，不装"，他半开玩笑说，"我也不知道，万达的模式到底是我们蒙对的，还是真的是我们自己研发出来的。"曾经有媒体以《万达的加法》来探讨这个中国最大商业不动产帝国的搭建密码，以及它的扩张边界与风险。今天万达依然在做加法，但王健林对自己和万达要向哪里去，已有更加清晰的目标。"13亿人穷了是包袱，13亿人富了就是世界最大的市场。"他铿锵有力地说，万达所做的一切布局都是围绕"人"这个主题。

确实如此，今天的王健林，借助房地产在中国的特殊性，正在编制一张生活大网——你可以到万达广场购物，到万达院线看电影，到万达的酒店住宿，到万达的旅游度假区休假；未来还可以看万达的秀、动漫等。这些，无不与"人"有关。

同时，王健林爱才如命，万达集团更视人才为企业的核心资本。良好的企业发展前景、广阔的个人事业平台、和谐简单的人际关系、一流优厚的物质待遇、独特优秀的企业文化是万达集团凝聚力的核心要素。

在地产圈，盛产"玩家"是出了名的。爱写诗的黄怒波已然登上了"北美第一高峰"，王石眼见着要去穿越"第三极"，张宝全玩出了"今日美术馆"，潘石屹曾在电影里"为爱痴狂"……但罕有一人像王健林这样，要么不玩，要玩就做"老大"。

玩地产，预计2015年将问鼎全球商业地产第一把交椅；一年才看一次电影，却坐拥中国院线最大的山头；就连做公益，他都梦想成立中国最大的慈善基金,成为中国的"仁者"大佬。

这位新首富的仁者之举源自于儒家思想的熏陶,在谈到慈善公益事业时,他坚定地说道:"赚钱有三个境界,最低是为自己,其次为事业,最高是为别人,所以我最大的人生梦想是建立全球华人的慈善基金,为慈善事业做更多的贡献。"王健林不仅是如此说的,也是如此做的,多年来,他带领下的万达集团以"共创财富、公益社会"为企业使命,在创造财富的同时,积极回报社会。

狭义的仁就是人与人之间的一种爱的情感,也就是仁爱。广义的仁,就是一个人在狭义的仁的基础之上,也就是在仁爱的基础之上,综合并升华所有优秀的品德而达到的一种至高无上的精神境界。这种精神境界就是我们经常讲的"天人合一"的境界,它类似于各大宗教所讲的"人神同在"的境界,因此有一定的神秘性。正因为有一定的神秘性,所以不好描述,不好直接说清楚它到底是什么样的境界,这需要自己去经历和体会。但这种境界毕竟是对所有优秀品德的综合与升华,我们虽然不能直接描述这种境界,但可以直接说明这种境界包含哪些优秀的品德,或者说,哪些优秀的品德属于这种境界。

一个极其寒冷的冬日的夜晚,路边一间简陋的旅店来了一对上了年纪的客人。不巧的是,这间小旅店早就客满了。"这已是我们寻找的第十六家旅社了,这鬼天气,到处客满,我们怎么办呢?"这对老夫妻望着店外阴冷的夜晚发愁地说。

店里的小伙计不忍心这对老人出去受冻,便建议说:"如果你们不嫌弃的话,今晚就住在我的床铺上吧,我自己在店堂里打个地铺。"老夫妻非常感激,第二天要照店价付客房费,小伙计坚决拒绝了。临走时,老夫妻开玩笑地说:"你经营旅店的才能真够得上当一家五星级酒店的总经理。"

"那敢情好！起码收入多些可以养活我的老母亲。"小伙计随口应道，哈哈一笑。

没想到两年后的一天，小伙计收到一封寄自纽约的来信，信中夹有一张往返纽约的双程机票，信中邀请他去拜访当年那对睡他床铺的老夫妻。

小伙计来到繁华的大都市纽约，老夫妻把小伙计引到第五大街和三十四街交会处，指着那儿的一幢摩天大楼说："这是一座专门为你兴建的五星级宾馆，现在我们正式邀请你来当总经理。"

年轻的小伙计因为一次举手之劳的助人行为，美梦成真。这就是著名的奥斯多利亚大饭店经理乔治·波菲特和他的恩人威廉先生一家的真实故事。

无论是贫还是富，只要你能够帮助到别人，就不应该吝啬自己的善心。

有两个同村的砍柴人相约去村西的山上砍柴，这两个砍柴人一个年长，一个少壮，都是砍柴的好手。但是相比之下，由于年龄和经验的差别，年长的这个砍柴人还是比少壮的这个人显出更大的能力。

两人来到山上，拿出砍刀砍柴，村西的这座山，山势不高而且树木繁茂，一开始两个人的进度相差不多，过了两个多小时，天气渐渐炎热起来，少壮的砍柴人躺在地上休息了一会儿，而年长的那位依然砍柴不止，并且已经从山的这边移到山的那边。眼看就要比预计的时间提前一个多小时砍完。

这个时候，少壮的砍柴人从梦中醒来，看看天色暗了下来，而自己还没有砍够第二天要用的两捆柴，于是心急起来，他不用砍柴刀，而是用手一根根地折断树枝和杂草。但是今天的天色似乎比以往暗得早,直到太阳落山,少壮的砍柴人也没有砍够第二天所需要的柴火。

这时年长的喊他下山了,这个年长的砍柴人看到他孤零零的一捆柴时,明白这个人没有好好砍柴,他一声不响地拿过自己的一捆柴火,对少壮的砍柴人说:"这下够你用一天的了。后天我们再来砍。"

少壮的砍柴人说:"这些柴火都是用来卖钱的,你给了我,不是少了很多收入吗?"

年长的砍柴人说:"我今天少赚,明天可以多赚,但是烧火做饭却是一刻不能受影响的。我这些柴火够我用的了,而你也不会受饿,这不是两全其美的事情嘛。"

年长的砍柴人其实说出了我们很多人明白但却很难做到的真理——你是一个人享用世间的美好,还是将这种美好散播到每个人的身上,独乐乐不如众乐乐?其实,再平凡普通的人只要有一颗爱心,一样能做出让所有人感动的善行。善待别人、给予他人就是奉献,所奉献的不仅仅是物质财富,还包括精神和理念。